Robin Christen

Das „Cannabisproblem" und die Wissenschaft

D1728432

Studien zur qualitativen Drogenforschung
und akzeptierenden Drogenarbeit

Band 46

Herausgeber

Institut zur Förderung qualitativer Drogenforschung,
akzeptierender Drogenarbeit und rationaler Drogenpolitik
INDRO e.V.

ISSN 1435-7828

Robin Christen

Das „Cannabisproblem"
und die Wissenschaft

Eine kritische Auseinandersetzung
mit der Expertise
„Auswirkungen von Cannabiskonsum und -missbrauch"
von PETERSEN & THOMASIUS (2007)

VWB – Verlag für Wissenschaft und Bildung
2009

Anschrift:
INDRO e.V.
Bremer Platz 18-22 • 48155 Münster
Tel.: 0251/60123 • Fax: 9251/666580
E-mail: indroev@t-online.de
Internet: www.indro-online.de

ISBN 978-3-86135-259-4

Verlag und Vertrieb:
VWB – Verlag für Wissenschaft und Bildung
Amand Aglaster
Postfach 11 03 68 • 10833 Berlin
Tel: +49-30-251 04 15 • Fax: +49-30-251 11 36
info@vwb-verlag.com • www.vwb-verlag.com

Copyright:
© VWB – Verlag für Wissenschaft und Bildung, Berlin 2009

Inhaltsverzeichnis

Vorwort 7

1. **Einleitung** 9
1.1 Vorgehensweise und thematischer Ablauf 10

2. **Vorstellen der Expertise** 13
2.1 Fragestellung und Zielsetzung der Expertise 13
2.2 Methoden und Durchführung 14
2.3 Selektion der verwendeten Publikationen 16
2.4 Zur Evaluation der Studien des Kerndatensatzes im Ergebnisteil
der Expertise 18
2.5 Beschreibung der Ergebnisse 19
2.5.1 Organmedizinische Auswirkungen des Cannabiskonsums 20
2.5.2 Psychische und psychosoziale Auswirkungen des Cannabiskonsums . . 21
2.5.3 Neurokognitive Auswirkungen des Cannabiskonsums 22

3. **Epidemiologie** 25
3.1 Der Konsum von Cannabis in der Bundesrepublik Deutschland 26
3.2 Der internationale Cannabiskonsum 31
3.3 Ambulant und stationäre Behandlung von Cannabiskonsumenten
in Deutschland 33
3.4 Aktuelle Zahlen und Trends des Cannabiskonsums in Deutschland 37

4. **Evidenz-basierte Medizin** 39
4.1 Der Begriff der Evidenz 39
4.2 Evidenz-basierte Medizin versus konventioneller Medizin – eine
Analyse der Unterschiede 40
4.3 Vorgehensweisen und Methoden der EBM 43
4.3.1 Beurteilung einer Studie 43
4.3.2 Standards, Richtlinien, Leitlinien 45
4.3.3 Hierarchie der Evidenz 47
4.4 Formen medizinischer Veröffentlichungen 47
4.5 Diskussion 51
4.5.1 Möglichkeiten der Evidenz-basierten Medizin 51
4.5.2 Grenzen der Evidenz-basierten Medizin 52

5.   Forschungsentwicklung und Forschungsstand **57**

6.   Kritische Analyse **65**
6.1   Wissenschaft und Konstruktivismus 66
6.2   Zu den Begriffen der Wahrnehmung, Wissen, Wahrheit 66
6.3   Realität und Wirklichkeit 67
6.4   Soziale Systeme 68
6.5   Sprache als Aufbau objektiver Wirklichkeit 70
6.6   Gesellschaftliche Erfahrung und Wissenschaft 71
6.7   Zusammenfassung 73

7.   Gesellschaftliche Einbettung der Wissenschaft **75**
7.1   Ideologien und Geschichten 75
7.2   Wissenschaft und Gesellschaftskritik 77
7.3   Wissenschaftskritik als Methodenkritik. 80
7.4   Diskussion 84

**8.   Kritische Untersuchung der Expertise „Auswirkungen von
      Cannabiskonsum und -missbrauch"** **87**
8.1   Diskussion der Befunde und Methoden 88
8.2   Reaktionen der Fachöffentlichkeit 100

9.   Schlussbetrachtung **103**

10. Literaturverzeichnis **107**

Vorwort

Sowohl in der Bewertung eines möglichen therapeutischen Nutzens als auch in der Beurteilung gesundheitsschädlicher Konsequenzen bezieht sich die bis heute dominierende naturwissenschaftlich orientierte Cannabisforschung eher auf hypothetische, experimentell an Tieren unter Laborbedingungen gewonnene Annahmen als auf lebensweltnahe, verifizierte Erkenntnisse. Umso erfreulicher ist es, dass nun eine „neue" wissenschaftliche Expertise vorliegt, die den aktuellen Forschungsstand zu den „Auswirkungen von Cannabiskonsum und -missbrauch" unter evidenzbasierter Wissenschaftsorientierung im Sinne medizinischer, qualitätsgesicherter Standards und Leitlinien aufarbeitet. Erfreulich auch, dass es darüber hinaus jemand auf sich nimmt, diese „wissenschaftlich fulminante" Expertise akribisch zu durchforsten, um deren Bedeutung und Aussagekraft für eine „objektive" Einschätzung hinsichtlich der Gefahren des Konsums von Cannabisprodukten zu ermitteln.

Der Autor ROBIN CHRISTEN analysiert systematisch die Fragestellung, Zielsetzung, methodische Aufarbeitung und evidenzbasierte Auswertung der Expertise, die als ein systematisches Review der international publizierten Studien zur Cannabisforschung von 1996 - 2006 angelegt ist. Neben der Datenpräsentation epidemiologischer Forschungen zu den sozialen und gesundheitlichen Auswirkungen des Cannabiskonsums erfolgt eine zielführende Ergebnisanalyse auch im Vergleich mit der bereits existierenden Expertise zu den pharmakologischen und psychosozialen Konsequenzen des Cannabiskonsums von KLEIBER/KOVAR von 1998.

Diese kritische Auseinandersetzung mit der Expertise von PETERSEN/THOMASIUS ist zugleich auch ein wissenssoziologischer Beitrag zur Konstitution/Konstruktion von Cannabiswissen im gesellschaftlichen Kontext, welches sich zumeist moralgesteuert und defizitorientiert öffentlich verbreitet. Diese dringend notwendige Analyse eines Bereiches sogenannter evidenzbasierter Wissenschaft demaskiert diese als kulturelle Konstruktion mythengesteuerter Fiktionen. So wird beispielsweise in der Expertise die Entwicklung psychotischer Störungen durch die pharmakologische Wirkung von Cannabis als wissenschaftlich evident herausgestellt, um ein paar Seiten weiter einzugestehen: „So lange nicht erklärt werden kann, warum Cannabiskonsum nicht in allen Konsumenten die Drogenaffinität erhöht oder die Entwicklung einer psychischen Störung begünstigt, können von der pharmakologischen Wirkung des Cannabis unabhängige Erklärungsalternativen nicht ausgeschlossen werden" (PETERSEN/THOMASIUS S. 161).

Im Gesamtergebnis seiner Analysen stellt der Autor fest, dass diese vom Bundesministerium für Gesundheit in Auftrag gegebene und finanzierte Expertise ein weiterer Beleg für einen ideologisierten Diskurs ist. Diese Expertise als systematisches

Review international publizierter Studien wird hypostasierend als evidenzbasierte Wissenschaft präsentiert. Die Ergebnisse der Analyse von ROBIN CHRISTEN zeigen jedoch das Gegenteil. Die Expertise erschwert eine sachgerechte, entmystifizierende Betrachtungsweise des gesellschaftlichen Produkts „Cannabisproblem" und wirft den Cannabisdiskurs um weitere Jahre zurück.

Dr. Wolfgang Schneider
Leiter des INDRO e.V.
Münster im November 2008

1. Einleitung

Cannabis ist die psychoaktive Substanz, über die am meisten und kontrovers diskutiert wird (KLEIBER, KOVAR 1998: 1). Sie ist die am häufigsten konsumierte illegale Substanz international und in Deutschland (vgl. BUNDESZENTRALE FÜR GESUNDHEITLICHE AUFKLÄRUNG 2007: 1, UNITED NATIONS ON DRUGS OFFICE AND CRIME 2007: 95). Das hat zur Folge, dass vielfach über die Gefahren, die von der Substanz ausgehen, geforscht und diskutiert wird.

Ein hohes Konfliktpotential zwischen abstinenz- und akzeptanzorientierten Drogenbeauftragten, zwischen Befürwortern und Gegnern einer Legalisierung, zwischen Konsumenten und Gesetzgebern, und nicht zuletzt im wissenschaftlichen Forschungsbereich, wo zum Teil mit harschen Worten die gegenüberliegende Seite angegriffen wird, charakterisieren diese Diskussion.

Immer wieder werden neuste Forschungsergebnisse von der jeweiligen Seite für die Durchsetzung ihrer Ziele oder die Begründung spezieller Maßnahmen herangezogen. Eine objektive Diskussion, losgelöst von der Legalisierungsdebatte, scheint nicht zu existieren. Nicht selten verliert die Diskussion durch die ideologisierte und emotionsgeladene Herangehensweise die nötige Sachlichkeit, und die Analysen vieler Datensätze scheinen einseitig interpretiert zu werden.

Von besonderer Bedeutung in der aktuellen Diskussion ist die Expertise von Dr. phil. Dipl.-Psych. KAY UWE PETERSEN und Prof. Dr. RAINER THOMASIUS. In ihr werden die gesundheitlichen und psychosozialen Folgen des Cannabiskonsums untersucht. Sie wurde vom Bundesministerium für Gesundheit (BMG) in Auftrag gegeben und versteht sich selbst als eine Weiterentwicklung der Studie von KLEIBER und KOVAR aus dem Jahr 1998 (ebenfalls vom Bundesministerium für Gesundheit in Auftrag gegeben).

Da die aktuelle Expertise in fast allen Punkten zu anderen Ergebnissen kommt, ist eine genaue Untersuchung von Nöten, um weitestgehende Objektivität in dieser „verhärteten" Diskussion zu gewährleisten. In diesem Sinne ist die folgende Arbeit als eine „kritische Würdigung" an die Expertise „Auswirkungen von Cannabiskonsum und- missbrauch" von PETERSEN und THOMASIUS (2007) zu verstehen.

Es soll untersucht werden, ob die Studie mit der nötigen Sachlichkeit und Objektivität durchgeführt wurde, die von diesem emotionsgeladenen Thema verlangt wird, oder ob die Studie ein weiteres Beispiel der positionsbehafteten Diskussion anhand der Konfliktlinie Legalisierung von Cannabis darstellt.

1.1 Vorgehensweise und thematischer Ablauf

Diese Arbeit ist in zwei Teile aufgeteilt: Der erste Teil ist deskriptiv angelegt, und dem Leser werden Zahlen, Fakten, Forschungsgegenstände und -strömungen, die als Voraussetzung der kritischen Analyse wichtig sind, dargelegt. Im zweiten soll, ausgehend von der Theorie des (radikalen) Konstruktivismus und durch den Bezug zu gesellschaftlichen Verhältnissen, die Expertise von Petersen und Thomasius untersucht werden.

Im ersten Teil wird zunächst die Expertise vorgestellt. Es sollen die Fragestellung und Zielsetzung, die verwendeten Methoden und das Studiendesign erläutert sowie die Hauptaussagen dem Leser vorgestellt werden.

Im Anschluss werden Daten und Zahlen zum Cannabiskonsum dargelegt, um zu einer aktuellen Einschätzung des Cannabiskonsums der Bevölkerung Deutschlands, Europas und weltweit zu kommen. Epidemiologische Daten sind als Basis unbedingt notwendig, um eine einheitliche und aktuelle Diskussionsgrundlage zu erhalten.

Um zu zeigen, auf welcher wissenschaftlichen Ausrichtung die Expertise von PETERSEN und THOMASIUS behandelt wurde, möchte ich mich anschließend mit der Evidenz-basierten Medizin beschäftigen. Dieser medizinische Ansatz hat besondere Priorität in der Studie von PETERSEN und THOMASIUS und kann als eine nicht zu unterschätzende Veränderung in der medizinischen Forschung und Behandlung gesehen werden. Alle verwendeten Studien der Expertise wurden evidenzgeleitet ausgewertet. Insbesondere deshalb, weil diese wissenschaftliche medizinische Ausrichtung erst seit Mitte der 1990er Jahre ein Einflussfaktor bei der Einschätzung von medizinischen und psychologischen Themenbereichen ist und in die Studie von KLEIBER und KOVAR nicht mit eingeflossen ist, muss dieser Ansatz dem Leser aufgezeigt werden.

Nachdem die Evidenz-basierte Medizin erläutert wurde, soll der gesellschaftliche Umgang mit der Cannabisthematik anhand des Forschungsverlaufs kurz skizziert werden. Dazu werde ich exemplarisch bedeutende Ereignisse aus Forschung und Justiz darlegen, damit der Leser den Verlauf des gesellschaftlichen Umgangs mit Cannabiskonsum und die Kritik an der Cannabisstudie von Petersen und Thomasius in einen Kontext setzen kann.

Danach beginnt der zweite Teil – die kritische Analyse. Es wird zunächst eine kritische Untersuchung des Wissenschaftsbetriebs durchgeführt, wobei der Ansatz des radikalen Konstruktivismus mir besonders geeignet scheint, sich dem Thema wissenssoziologisch zu nähern.

Es folgt die Beschreibung des Einflusses von gesellschaftlichen Verhältnissen auf die Wissenschaft, anhand exemplarisch aufgeführter Faktoren. Anschließend sollen diese kritisch analysiert werden, um die Studie anhand dieses Kontextes zu untersuchen.

Das Ziel dieser Arbeit soll darin bestehen, die aktuelle Cannabisdiskussion sachlich zu unterstützen und weitestgehende Objektivität innerhalb des Diskurses zu fördern. Die Arbeit geht aber über diese spezifische Fragestellung hinaus und kann als Versuch eines wissenssoziologischen Beitrags zu einer der Grundfragen der Soziologie gelesen werden, nämlich wie sich Wissen konstituiert und welcher Erkenntnisgewinn aus der gängigen Art Wissenschaft zu betreiben erwartet werden kann.

2. Vorstellen der Expertise

Die Expertise, mit der ich mich im Folgenden beschäftigen möchte, wurde unter dem Titel „Auswirkungen von Cannabiskonsum und- missbrauch" publiziert. Herausgeber sind Dr. phil. Dipl.-Psych. KAY UWE PETERSEN und Prof. Dr. med. RAINER THOMASIUS. Auftraggeber ist das Bundesministerium für Gesundheit (BMG). Beide Autoren sind im Universitätsklinikum Hamburg-Eppendorf, Deutsches Zentrum für Suchtfragen des Kindes- und Jugendalters (DZSKJ), beschäftigt.

Die Expertise ist ein Systematischer Review der international publizierten Studien von 1996-2006. Sie hat einen Umfang von 172 Seiten, und der Kerndatensatz der Publikationen, die in das Systematische Review aufgenommen wurde, umfasst 246 Studien. Der Forschungszeitraum war vom 01.07.2005 bis 30.06.2006.

Inhaltlich werden die genannten Studiendesigns im Kapitel über Evidenz-basierte Medizin aufgearbeitet.

2.1 Fragestellung und Zielsetzung der Expertise

„Cannabis und seine Inhaltsstoffe ist ein Forschungsthema, zu dem mittlerweile jährlich alleine in den Fachzeitschriften weit über tausend wissenschaftliche Publikationen erscheinen" (PETERSEN, THOMASIUS 2007: V).

Als besonders einflussreich kann die Expertise von KLEIBER und KOVAR aus dem Jahr 1998 gesehen werden, die ebenfalls vom BMG herausgegeben wurde. Darin wird der Forschungsstand von 1966 bis 1996 beschrieben und nach wissenschaftlichen Kriterien ausgewertet.

Am 25.5.2002 wurde auf Initiative der Gesundheitsminister/Innen der Staaten Schweiz, Niederlande, Belgien, Frankreich und Deutschland ein international wissenschaftlicher Kongress zum Thema Cannabis abgehalten. Die Ergebnisse sind in dem „Cannabis 2002 Report" (MINISTRY OF PUBLIC HEALTH OF BELGIUM 2002) publiziert und bringen weitgehend neue Erkenntnisse bzw. andere Ergebnisse (vgl.Tabelle 6).

Laut PETERSEN und THOMASIUS „ist bereits wenige Jahre nach Publikation der Expertise von KLEIBER und KOVAR (1998) eine deutliche Weiterentwicklung zu konstatieren" (PETERSEN, THOMASSIUS 2007: 1).

„Es erscheint daher sinnvoll und notwendig, den aktuellen Forschungsstand in einer – mit der Arbeit von KLEIBER und KOVAR (1998) vergleichbar sorgfältigen Weise zusammenzufassen, um zu einer sachlich nachvollziehbaren aktuellen Bewertung der gesundheitlichen und psychosozialen Auswirkungen des Cannabiskonsums zu gelangen" (ebd.: 2).

Mit der Studie soll an den aktuellen Forschungsstand in den biopsychosozialen Themenfeldern angeschlossen werden: organmedizinische Auswirkungen, psychische und psychosoziale Auswirkungen sowie neurokognitive Auswirkungen von Cannabiskonsum.

Demnach leiten die Autoren vier Rahmenfragestellungen ab:

– „Welche methodisch akzeptablen Studien mit welchen Resultaten wurden zu den drei genannten Hauptkategorien gefunden (organische, psychische, neurokognitive)?

– Inwieweit sind daraufhin die Befunde von KLEIBER und KOVAR (1998) zu revidieren?

– Liegen über die Befunde von KLEIBER und KOVAR (1998) hinaus neue Ergebnisse vor?

– Liegen insbesondere *entwicklungspsychiatrisch* relevante neue Ergebnisse vor" (ebd.: 3)?

2.2 Methoden und Durchführung

Wie bereits erwähnt, dient als Studiendesign ein Systematischer Review. Die Methodik sei laut Autoren, „systematisch, transparent und dem experimentellen Denken verpflichtet, wobei es vor allem den klinisch interessierten Lesern mehr inhaltlichen Einblick in die inkludierten Studien bietet und seine Schlussfolgerungen dadurch leicht nachvollziehbar macht" (ebd.: 5).

Wie im späteren Verlauf der Arbeit noch deutlich wird, steht und fällt die Qualität einer Untersuchung dieser Art mit der Literaturrecherche. Die Literaturrecherche ist in diesem Fall die Datenerhebung der Expertise, hat also einen besonders hohen Stellenwert.

Die computergestützte Literaturrecherche wurde mit der Festlegung der Datenbanken begonnen. Die primären Datenbanken waren Medline (die nicht öffentlichen Zugänge), Psyndex, Psyclit und Google. Sekundär wurde PubMed eingesetzt. Diese werden im späteren Verlauf der Arbeit noch inhaltlich erläutert.

In einem weiteren Schritt wurden die Suchbegriffe festgelegt, spezielle Kombinationen von Suchbegriffen, die sich besonders für die Datenabfrage eignen. So wurden im genannten Untersuchungszeitraum z.B. für das Stichwort „Cannabis OR Marijuana" in der öffentlichen Datenbank PubMed 4530 Publikationen (davon 516 Reviews) gefunden (vgl. ebd.: 6).

Weiterhin wurde der Suchbegriff „Canabinoid" eingegeben (3065 Publikationen/ keine Angaben zu Reviews). Werden alle drei Suchbegriffe eingegeben (Cannabis or Marijuana or Canabinoid), erhöht sich die Publikationszahl auf 7592 (davon 912 Reviews) zur Zeit der Untersuchung. Diese Suchbegriff-Kombination wurde von den

Autoren bevorzugt genutzt. Begriffe wie „THC" oder „Hashish" bringen laut Autoren keinen quantitativen Gewinn und wurden somit nicht berücksichtigt. Bei der praktischen Umsetzung gab es jedoch Probleme, weil „[...] umfangreiche Experimente mit komplexen logischen Suchwortkombinationen jedoch stets eine unbefriedigende Erfolgsquote an identifizierten relevanten Publikationen ergaben. Vermutlich wird die Benennung von Schlüsselbegriffen von den Autoren noch nicht konsistent genug gehandhabt, um eine hinreichend vollständige Erfassung der Publikationen zu ermöglichen" (ebd.: 9).

Somit ist nicht sichergestellt worden, dass auch wirklich alle Publikationen zu diesem Themenfeld gesichtet wurden.

Um die Rund 7500 teils redundanten Publikationen nach Relevanz zu sortieren, wurde ein Expertenteam hinsichtlich der Identifizierung relevanter Publikationen aus den zur Verfügung stehenden Abstracts und Titeln geschult. Zusätzlich wurde eine „Relevanzhierarchie" entwickelt. Diese „Relevanzklassen" (Tabelle 1) ordnen die Publikationen für den Systematischen Review nach zentralen Studien (R-A) und Hintergrundmaterial (R-B; R-E). Sie ist eng an die Hierarchie der Evidenz angelegt, die ebenfalls im Kapitel über die Evidenzbasierte Medizin (EBM) erläutert werden soll.

Tabelle 1: Definition relevanter Studiendesigns nach DGEAM (vgl. PETERSEN/THOMASIUS 2007:3)

Relevanzklasse	Beschreibung
R-A	Humanstudien (inkl. Metaanalysen)zu Zusammenhängen des Cannabiskonsums mit Merkmalen der körperlichen oder psychischen Gesundheit, der psychosozialen Situation und der neurokognitiven Leistungsfähigkeit.
R-B	Tierexperimentelle Studien zu den Themen der Relevanzklasse R-A
R-C	Systematische Reviews (ohne Metaanalysen) oder wissenschaftliche Expertisen zu den Themen der Relevanzklasse R-A
R-D 1	Studien zur Prävalenz und zu Mustern des Cannabiskonsums
R-D 2	Untersuchungen zur Cannabisbezogenen Kriminalität und zum Wirkstoffgehalt von Cannabisprodukten
R-D 3	Untersuchungen zum toxikologischen Nachweis des Cannabiskonsums
R-E 1	Weitere Humanstudien und tierexperimentelle Untersuchungen zum Endocannabinoidsystem, die nicht in R-A oder R-B klassifizierbar sind.
R-E 2	Untersuchungen zur Geschichte des Cannabisgebrauchs
R-E 3	Studien zur Botanik der Cannabispflanze

Vom September 2005 bis Ende Februar 2006 wurde die Datenbank PubMed zweimal wöchentlich nach den eben angegebenen Suchbegriffen befragt. Jede neue Information wurde geprüft und nach ihrer Relevanz gewertet.

„Die Bewertung des Evidenzlevels von Befunden wissenschaftlicher Studien, orientiert sich an der medizinischen Leitlinienentwicklung in Europa" (ebd.: 5).

Hierbei ist noch zusätzlich zu erwähnen, dass sich die Expertise bei der Einschätzung der Evidenzlevels nach der Tabelle der Deutschen Gesellschaft für Allgemeinmedizin und Familienmedizin (DEGAM) richtet (Tabelle 2). An ihr lässt sich zusätzlich die Evidenzstärke des Studiendesigns, hinsichtlich ihrer Aussage betreffend der Kausalität, in Form von Empfehlungen der DEGAM, einschätzen. Ob sich von den in der Tabelle vorgestellten Studiendesigns wirklich Kausalitäten ableiten lassen, muss hier kritisch gesehen werden und wird im späteren Verlauf dieser Arbeit noch analytisch untersucht.

Tabelle 2: **Evidenzlevel relevanter Studiendesigns bei Kausalitätsfragestellungen nach DEGAM (vgl. ebd.:16)**

Evidenzlevel	DEGAM-Empfehlung	Definition
K 1; K2	A	RCT; Kohorten Studie
K 3a; K 3b	B	Fall-Kontrolle; Querschnittstudien Fallserie/berichte
K4	C	Expertenmeinung; Grundlagenforschung

2.3 Selektion der verwendeten Publikationen

Wie schon erwähnt, wurden nicht alle gesichteten Publikationen für die Expertise verwendet. Nachdem die Relevanz geprüft wurde, ist der Kerndatensatz auf 978 Dokumente geschrumpft, wovon lediglich 379 der Relevanzklasse A zugeordnet werden können. Diese Studien sind durch sorgfältiges Textstudium auf Übereinstimmung mit den zu benennenden Einschlusskriterien hin überprüft worden.

„Die Einschlusskriterien ergeben sich aus dem durch die Fragestellung gesetzten übergeordneten Ziel, nur Studien einzuschließen, die Menschen im Hinblick auf Zusammenhänge von Cannabiskonsum oder THC-Applikation mit Merkmalen psychischer und körperlicher Gesundheit sowie der psychosozialen Situation oder kognitiven Leistungsfähigkeit im Hinblick auf eine potenzielle Cannabis- oder THC-induzierte Beeinträchtigung quantitativ empirisch untersucht haben" (ebd.: 12).

„Damit sind vor allem Studien einzuschließen, die vom erfassten Cannabiskonsum ausgehend retrospektiv oder prospektiv Beeinträchtigungen untersuchen. Es sind allerdings auch solche Studien einzuschließen, die von Beeinträchtigungen ausgehend den

Cannabiskonsum untersuchen, da es für viele Fragestellungen wesentlich zu klären ist, ob Cannabiskonsum ein auslösender Faktor einer Beeinträchtigung ist, oder ob nur die Prävalenz der Beeinträchtigung den Cannabiskonsum wahrscheinlicher macht.

Zentrales Einschlusskriterium (+A) ist hier das Vorliegen einer operational definierten und valide und reliabel festgestellten Beeinträchtigung, deren Zusammenhang mit dem Cannabiskonsum oder einer THC-Applikation an einer geeigneten Stichprobe untersucht wird" (ebd.:12,13).

Eine Studie ist demnach auszuschließen, wenn ...

– A1 ... keine Beeinträchtigung, deren Zusammenhang mit Cannabis untersucht wird (z.b. Cannabiskonsum wird aus familiären Situationen oder Persönlichkeitsmerkmalen wie Extraversion oder Sensation Seeking herzuleiten versucht).

– A2 ... zwar eine Beeinträchtigung untersucht wird, aber die Ergebnisse ausschließlich die Evaluation einer Methode betreffen.

– A3 ... die Beeinträchtigung nicht hinreichend valide und reliabel erfasst wird (z.b. ein selbst konstruierter Fragebogen, der nicht näher beschrieben wird, untersucht Cannabis-bezogener Probleme).

– A4 ... die untersuchte Stichprobe für Verallgemeinerungen der Effekte auf die Gesamtheit der Cannabiskonsumenten ungeeignet zusammengesetzt ist (z.b. wird die Prävalenz von Cannabisabhängigen Alkoholikern berichtet).

– A5 ... die Studie über einzelne Personen berichtet (z.b. Fallberichte), zu der untersuchten Beeinträchtigung im Zusammenhang mit Cannabiskonsum aber mehrere größere Studien vorliegen (vgl. ebd.: 13).

Ein weiteres Einschlusskriterium (+B) ist, dass im Rahmen der Studienauswertung hinreichend adäquate Methoden der Inferenzstatistik[1] eingesetzt worden sein müssen. Studien, die von diesem Kriterium auszuschließen sind, sind entweder zu kleine (Fallberichte) oder sehr große (z.b. bevölkerungsrepräsentative). Aus diesem Einschusskriterium (+B) ergibt sich das folgende Ausschlusskriterium (-B).

Eine Studie ist auszuschließen wenn...

– B1 ... „nur deskriptive Daten berichtet wurden, die Stichprobe aber weder als repräsentativ angesehen werden kann noch es sich um Fallberichte oder Serien von Fallberichten handelt" (ebd.: 14).

---

1. „In der Inferenzstatistik wird das Problem behandelt, wie man aufgrund der Information aus einer Stichprobe mit hoher Wahrscheinlichkeit auf die Information über die Gesamtheit schließen kann. Das Hauptproblem der Inferenzstatistik besteht in der Prüfung (Test), ob empirische Unterschiede auch als statistisch gesichert (signifikant, über zufällig) gelten können oder ob sie durch zufällige Abweichungen aufgrund der Tatsache, dass es sich ja nur um einen besondere der möglichen Stichproben handelt, entstanden sein können. (Holtmann 2007: 1)

Als letztes Einschlusskriterium (+C) wurde von den einzuschließenden Studien erwartet, dass Cannabis die einzige konsumierte psychotrope Substanz war. Bei multi-
plem Drogenkonsum innerhalb der Untersuchungsgruppen war mindestens der Effekt
des Cannabiskonsums herauszuarbeiten. Daraus ergeben sich folgende Ausschlusskriterien (-B).

Eine Studie ist auszuschließen wenn...
- C1 ... multipler Substanzkonsum vorliegt und der Cannabiskonsum einer Gruppe
  nicht hinreichend beurteilbar ist.
- C2 ... eine Stichprobe von Personen mit multiplen Substanzkonsum oder dem
  Vorliegen von Abhängigkeitserkrankungen bezüglich mehrerer Substanzen untersucht wurde und die Statistiken für Cannabis-bezogene Effekte nicht präsentiert
  wurde (vgl. ebd.: 14)

Aus diesen Ein- und Ausschlusskriterien rekrutieren sich die 246 verwendeten Publikationen, die in der Expertise zu den Themen „Psychische und psychosoziale Effekte
des Cannabiskonsums, „Organmedizinische Effekte des Cannabiskonsums" sowie
„Neurokognitive Effekte des Cannabiskonsums verwendet wurden.

2.4 Zur Evaluation der Studien des Kerndatensatzes im Ergebnisteil der Expertise

Auch die streng ausgewerteten 246 Publikationen des Kerndatensatzes unterscheiden
sich hinsichtlich ihrer Aussagekraft und methodischen Qualität.

> „Diese Evidenzunterschiede resultieren aus zwei Quellen: Erstens weisen sie Unter-
> schiede der Studiendesigns auf, zweitens Unterschiede in der methodischen Qualität
> der Umsetzung des jeweiligen Studiendesigns" (ebd.: 15).

Wie wichtig die Evidenzunterschiede im Hinblick auf die Einschätzung der wissenschaftlichen Qualität einer Studie sind, wird in dem Kapitel zur Evidenz-basierten
Medizin ausführlich behandelt.

> „Grundsätzlich sind zwei Kategorien von feststellbaren Mängeln zu unterscheiden:
> Mängel in der Darstellung sind z.B. das Fehlen einer adäquaten Stichprobenbeschrei-
> bung, eine unzureichende Darlegung des eingesetzten statistischen Verfahrens oder das
> Fehlen für die Beurteilung der Effekte wesentlicher statistischer Werte" (ebd.: 16).

Die zweite Kategorie feststellbarer Mängel, sind Mängel der Studie selbst. Die
Autoren haben in Form einer Positivliste die wichtigsten, regelmäßig an einer Studie

gestellten Anforderungen genannt, die zur Verifizierung von hinreichender Qualität oder Mängel führen:

1. ausreichende Stichprobengröße (statistische Power)
2. Repräsentativität und Selekttivität der Untersuchungsstichprobe
3. geeignete, am besten hinsichtlich relevanter Merkmale gemachte Kontrollgruppe
4. Experimentelle Verbindung von Untersuchungsleiter und Untersuchungsauswerter
5. differenzierte Drogenanamnese zu cannabis- und sonstigem Substanzkonsum
6. toxikologische Absicherung (Blut, Urin, Haaranalyse) der Validität der Drogenanamnese
7. Erfassung der experimentellen bzw. zumindest statistischen Kontrolle konfundierender Merkmale
8. Trennung von akuten und längerfristigen Effekten des Cannabiskonsums
9. Probandenausfall bzw. Panelmortalität
10. Statistische Korrekturen bei multipler Testung (vgl. ebd.: 17)

Aufgrund dieses methodischen Vorgehens beanspruchen die Autoren für sich, kausale Aussagen betreffend ihrer Untersuchungen machen zu können.

2.5 Beschreibung der Ergebnisse

Im Folgenden sollen nun die Ergebnisse kurz dargestellt werden, um dann generell über Methodik- und Wissenschaftskritik diese Ergebnisse kritisch-reflexiv zu untersuchen.

Der Ergebnisteil ist in vier Kapitel eingeteilt.
- Epidemiologie des Cannabiskonsums 1997-2004.
- Befunde zu körperlichen Folgewirkungen des Cannabiskonsums
- Befunde zu psychischen und psychosozialen Auswirkungen des Cannabiskonsums.
- Befunde zu neurokognitiven Auswirkungen des Cannabiskonsums.

Hierzu möchte ich die Ergebnisse der Expertise vorstellen. Auch werde ich aufzeigen, auf welches Datenmaterial sich diese Aussagen stützen. Um dies deutlich zu machen, werde ich die beiden höchsten Evidenzklassen, sofern sie vorhanden sind, aufzeigen.

Auf die Epidemiologie werde ich in diesem Kapitel nicht eingehen, da diesem Themenfeld ein eigenes Kapitel im Rahmen dieser Arbeit gewidmet ist.

2.5.1   Organmedizinische Auswirkungen des Cannabiskonsums

In dem Untersuchungszeitraum haben die Autoren 46 Studien erfasst, die sich mit den Beeinträchtigungen im Zusammenhang mit Cannabiskonsum beschäftigt haben. 48 Studien, die Indikatoren des Einsatzes von Cannabis in der Medizin überprüft haben, wurden ausgeschlossen mit der Begründung, dass diese Studien gemäß dem Auftrag der Expertise als nicht relevant einzuschätzen sind.

Diese Studien untersuchen keine Beeinträchtigungen, sondern vielmehr erwünschte, symptomlindernde Effekte von Cannabiskonsum. Dieses Vorgehen wird in dem Kapitel „Methoden-Kritik der Expertise" nochmals ausführlich behandelt.

Die verwendeten Studiendesigns mögen den nicht geschulten Leser irritieren und können im Kapitel „Evidenz-basierte Medizin" Nachgeschlagen werden.

Insbesondere wurden

- respiratorische und pulmonale Auswirkungen
  (sechs Studien: eine randomisiert kontrollierte Studie (RCT) (K1): 1 (K2)),
- karzinogene Effekte
  (sechs Studien: kein RCT:1 Studie Evidenzlevel: K2),
- kardiovaskuläre Auswirkungen
  (acht Studien: zwei Studien Evidenzlevel: K1),
- immunologische Auswirkungen
  (vier Studien: drei Studien Evidenzlevel: K1),
- Auswirkungen auf Fertialität und Sexualität
  (eine Studie),
- Auswirkungen von Cannabiskonsum in der Schwangerschaft
  (unterteilt in „Auswirkungen mütterlichen Cannabiskonsums auf den Schwangerschaftsverlauf und die körperliche Kindesentwicklung" (sechs Studien) und „Auswirkungen mütterlichen Cannabiskonsums auf die seelische Gesundheit und Leistungsfähigkeit des Kindes" (15 Studien) untersucht.

Insgesamt ist nur eine Studie dem Evidenzklasse K2 zuzuordnen.

Von den 46 Studien, die verwendet wurden, sind lediglich sieben den höheren Evidenzklassen KA1 (RCT) und KA2 (Kohorten- und Längsschnittstudien) zuzuordnen.

Insgesamt kommen die Autoren zu folgenden Aussagen betreffend organmedizinischer Auswirkungen:

- erhöhtes Risiko von Karzinomen (Krebsartige Veränderungen des Gewebes) im Mund und Rachenbereich (vgl. ebd.: 28: 143).
- signifikante erhöhte Expression von Krebsmarkern im Vergleich zu nicht rauchenden Kontrollgruppen (vgl. ebd.).
- bei Bronchialwandbiopsien (Untersuchungen des Lungengewebes, durch Entnahme von Gewebe der Bronchialwand) von Cannabiskonsumenten wurden histopathologische Veränderungen beobachtet (vgl. ebd.).

– kein unterschiedliches Krebsrisiko für Konsumenten von Tabak und Cannabis (vgl.ebd.).

2.5.2 Psychische und psychosoziale Auswirkungen des Cannabiskonsums

Insgesamt wurden zu diesem Themenfeld 105 Studien evidenzgeleitet gesichtet:

*   13 Studien untersuchten Cannabiskonsum auf spätere Drogenaffinität.
    (kein RCT: sechs Studien Evidenzlevel: K2)
*   20 Studien untersuchten die Entwicklung einer möglichen Cannabisabhängigkeit.
    (drei kontrollierte Studien Evidenzlevel: K1(waren aber nicht randomisiert):6 Studien (Evidenzlevel K2)
*   Psychotische Störungen wurden in 23 Studien untersucht.
    (11 Studien Evidenzklasse: K2),
*   Symptome wie Angst, Depression und Suizidalität wurden von 40 Studien untersucht.
    (zehn Studien Evidenzklasse: K2) plus einer Metaanalyse.
*   neun Studien untersuchten die Auswirkungen von Cannabiskonsum auf den schulischen bzw. beruflichen Erfolg.
    (fünf Studien Evidenzklasse: K2-Studien)

Insgesamt erreichten vier Studien das Evidenzlevel K1 (RCT). 40 K2 wurden verwendet.

Die restlichen Studien sind der Evidenzklasse K3a und K3b zuzuordnen.

Aus diesem Datenmaterial folgern die Autoren, dass Cannabiskonsum

– das Risiko für den späteren Konsum weiterer illegaler Drogen erhöht (Schrittmacherfunktion) (vgl. ebd.: 54: 150).
– das Risiko für die Entwicklung von psychotischen und depressiven Symptomen, bzw. für die Suizidalität, sowie für einen vorzeitigen Schulabbruch, erhöht (vgl. ebd.: 80: 152)
– unter regelmäßigen Cannabiskonsumenten Abhängigkeitssyndrome entstehen, die „keineswegs selten auch die körperlichen Leitsymptome der Toleranzentwicklung und der Entzugssymptome umfassen" (vgl. ebd.: 53: 61: 151)
– früher Cannabiskonsum (vor dem 16 Lebensjahr) erhöht signifikant das Risiko einer besonders schnellen Entwicklung der Abhängigkeit, für den Konsum anderer illegaler Drogen, späteren Suizidalität sowie Schulabbruch (vgl. ebd.: 60: 80: 152).
– insgesamt scheint das Risiko psychischer und psychosozialer Beeinträchtigungen durch Cannabiskonsum vor dem 16. Lebensjahr signifikant höher (vgl. ebd.: 95: 150).

2.5.3   Neurokognitive Auswirkungen des Cannabiskonsums

Insgesamt wurden 85 Studien für die Untersuchung herangezogen, aufgeteilt in folgende drei Abschnitte

• Der erste Teil stellt die Ergebnisse aus 36 Studien vor, die mit bildgebenden Verfahren strukturelle und funktionale Auffälligkeiten des Gehirns untersuchen, die mit neurokognitiven Beeinträchtigungen in Zusammenhang stehen können.
(sechs Studien Evidenklasse: K1 (RCT): zwei Studien Evidenzklasse: K 2)
• Der zweite Abschnitt untersucht und bewertet die Ergebnisse von 49 Studien zu neurokognitiven Akut- und Langzeitwirkungen des Cannabiskonsums.
(acht Studien zu Neurokognitiven Akutwirkungen: Alle Evidenzklasse: K1
41 Studien zu neurokognitiven Langzeitwirkungen: eine Metaanalyse Evidenzklasse: K1: acht Studien Evidenzlevel: K2).
• Im letzten Teil werden 14 Studien hinsichtlich der Fahrtauglichkeit bzw. des Verkehrsverhaltens ausgewertet.
(zwei experimentelle Studien: Evidenzklasse: K1: vier Studien: Evidenzklasse: K4).

Insgesamt wurden 27 Studien mit dem Evidenzlevel K1 und K2 verwendet. Die restlichen Studien sind der Evidenzklasse K3a und K3b zuzuordnen. Die Autoren ziehen daraus den Schluss:

– Chronische Cannabiskonsumenten weisen im abstinenten Zustand einen verminderten zerebralen (zum Gehirn gehörende Strukturen) Blutfluss auf sowie unterschiedliche Aktivierungsmuster im Vergleich zu Abstinenten in Untersuchungen mit funktioneller Magnetresonanztomographie[2](vgl. ebd. 100: 156).
– Ein neurotoxischer Effekt des Cannabiskonsums ist auf der Basis des aktuellen Forschungsstandes nicht feststellbar(vgl. ebd.).
– Dasselbe gilt für neuronale Adaptionsprozesse (vgl. ebd.).
– Für die Phase akuter THC-Intoxikation seien Defizite im Bereich der Aufmerksamkeit, Gedächtnisfunktion bzw. des Lernens und eine akut verlangsamte Reaktionszeit belegt (vgl. ebd.: 112: 158).
– Langfristige Beeinträchtigungen lassen sich bei der Gedächtnisfunktion und des Lernens beobachten. Leistungseinbußen der Aufmerksamkeit und Reaktionszeit, scheinen reversibel zu sein- dass sich alle Beeinträchtigungen zurückbilden, kann bei dem jetzigen Forschungsstand laut der Autoren, nicht bewiesen werden (vgl. ebd.: 117: 158)

---

2.   Die Kernspin-Tomographie, auch Magnet-Resonanz-Tomographie (MRT) genannt, ist eine diagnostische Technik zur Darstellung der inneren Organe und Gewebe mit Hilfe von Magnetfeldern und Radiowellen. (vgl. KIRCHGEORG)

– Für das Führen eines Kraftfahrzeuges sind bei akuter THC-Intoxikation bedeutsame Leistungsfunktionen festgestellt worden(vgl. ebd. 135).
– Ein signifikant erhöhtes Risiko (wenn auch schwache Effekte) für Verkehrsunfälle nach Cannabiskonsum, konnte festgestellt werden (vgl. ebd.).

3. Epidemiologie

Seit über 40 Jahren ist Cannabis Gegenstand vielfältiger wissenschaftlicher Forschungsarbeiten. Dass sie die illegale psychoaktive Substanz ist, die am meisten konsumiert wird, steht nicht mehr zur Frage, sondern ist Konsens in der "scientific community" (vgl. TÄSCHNER 2005: 1). Über die physischen und psychischen Auswirkungen wird noch kontrovers diskutiert.

> „Cannabis ist nicht nur die am häufigsten konsumierte, sondern – was das Gefährdungspotential anbelangt – wohl auch die am kontroversesten diskutierte illegale Droge der letzten Jahrzehnte" (KLEIBER, KOVAR 1998: 1).

Um mich dem Themenfeld zu nähern und eine Einschätzung der Häufigkeit von Cannabiskonsum transparent zu machen, möchte ich mich im Folgenden damit beschäftigen, wieweit der Cannabiskonsum in der Bundesrepublik Deutschland und international verbreitet ist.

Dazu sind epidemiologische Studien besonders gut geeignet. Sie geben eine umfassende Übersicht über die Prävalenz einer konsumierten Substanz innerhalb einer Bevölkerung, wodurch sich des Weiteren suchttherapeutische Maßnahmen und Notwendigkeiten ableiten lassen. Besondere Priorität hat in diesem Zusammenhang der Cannabiskonsum in der Bundesrepublik Deutschland, auch wenn in der Expertise von Petersen und Thomasius internationale Studien herangezogen werden.

Internationale Ergebnisse können nicht ohne weiteres auf nationale Gegebenheiten übertragen werden. Multikausale Phänomene wie der Cannabiskonsum sind nur schwer von kulturspezifischen Faktoren zu lösen, womit internationale Zahlen zum Substanzkonsum aus der emisch „deutschen Sicht" verzerrende Annahmen auslösen könnten.

> „Cannabiskonsum ist ein soziokulturelles Phänomen, welches eine spezifische Stellung innerhalb einer jeweiligen Gesellschaft einnimmt. Dabei werden die psychotropen Effekte trotz genereller Vergleichbarkeit unterschiedlich geordnet" (SCHLIMME, RADA, SCHNEIDER 2001:367).

Zur Vollständigkeit werde ich die europäische und weltweite Prävalenz hier zusätzlich kurz erwähnen.

Auch werde ich Klientenzahlen und Daten über die Entwicklung in Beratungsstellen darstellen. Dies ist ein guter Indikator für die Anzahl derjenigen, die durch problematischen Konsum und Missbrauch auffallen und Einschränkungen mit bzw. durch die psychotrope Substanz Cannabis erlebt hatten und haben.

Neben dem „Jahrbuch Sucht 2007" (und dem „Jahrbuch Sucht 2008"), herausgegeben von der „Deutschen Hauptstelle für Suchtfragen" (DHS), habe ich sekundär Berichte der Bundeszentrale für Gesundheitliche Aufklärung (BzGA) und der World Healths Organisation (WHO) sowie suchtspezifische Zeitungen und lokale Studien zur Sichtung des epidemiologischen Feldes genutzt. Des Weiteren den Bericht des „Reitox-Knotenpunktes", von der Europäischen Beobachtungsstelle für Drogen und Drogensucht (EBDD), eine Agentur der Europäischen Union, und die Studie von Petersen und Thomasius dienten mir als Grundlage für die Datensammlung.

Bei fast allen Studien handelt es sich um repräsentative Bevölkerungsumfragen oder computergestützte Basisdokumentationen von Suchthilfeeinrichtungen.

Im ersten Teil werden vornehmlich Zahlen ab Mitte der 1990 bis 2006 mit großer Priorität behandelt, da mit diesen Zahlen in der Expertise von Petersen und Thomasius gearbeitet wurde. Danach werden die Entwicklungen in den Suchthilfeeinrichtungen erläutert.

Im Anschluss werden noch die aktuellsten Zahlen genannt.

3.1 Der Konsum von Cannabis in der Bundesrepublik Deutschland

Trotz Prohibition ist Cannabis besonders bei Jugendlichen und jungen Erwachsenen die beliebteste illegale Droge (vgl. Horn 2008: 96).

Allgemein lässt sich festhalten, dass bevölkerungsrepräsentativen Untersuchungen zufolge davon ausgegangen werden kann, dass etwa jede fünfte Frau und jeder dritte Mann im Alter zwischen 18 und 59 Jahren zumindest einmal im Leben (lifetime Prävalenz; *Lebenszeitprävalenz*) (im europäischen Raum) Cannabis konsumiert hat (vgl. Tossman 2006: 509). Seit Anfang der 1970er bis in das Jahr 2004 ist der Cannabiskonsum, insbesondere bei jungen Menschen, latent gestiegen (vgl. Kraus/ Töppich/Orth 2007:136).

So stellt Kraus fest: „Trendanalysen in der Altersgruppe der 18- bis 39-jährigen zeigen zwischen 1990 und 2003 einen signifikanten Anstieg der Lebenszeiterfahrung von 14,0% auf 31.1%" (Kraus 2004: 19).

Die von unterschiedlichen Institutionen regelmäßig durchgeführten Surveys zum Drogenkonsum berichten übereinstimmend, dass der Anteil von jungen Erwachsenen mit Cannabiserfahrung (ca.15-25 Jahre wieder im europäischen Raum) im Jahr 2004 ca. bei 31% bei Frauen und ca. 40% bei Männern liegen (vgl. Kraus, Töppich, Orth 2007: 136/EBDD 2006/2007: 22/Kalke 2006: 8/Petersen, Thomasius 2007: 21/ Kraus 2006: 9).

Ähnliche Ergebnisse zeigt eine Schülerbefragung, die in 30 Ländern Europas durchgeführt wurde. 34,3% der Schüler und 27,2% der Schülerinnen geben an, min-

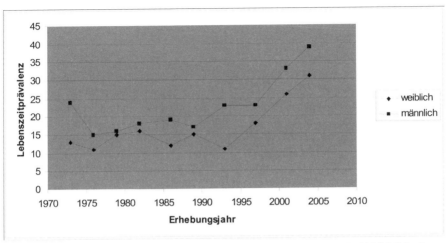

Abb. 1:   Lebenszeitprävalenz des Cannabiskonsums nach Geschlecht (14-24 Jahre)
           von 1973 bis 2004 (vgl. KRAUS, TÖPPICH & ORTH 2007 S:135)

destens einmal in ihrem Leben Cannabis konsumiert zu haben (9. und 10. Klasse)
(vgl. TOSSMAN 2006: 510).

In Deutschland zeigt die BUNDESZENTRALE FÜR GESUNDHEITLICHE AUFKLÄRUNG
(BzGA) mit ihrer repräsentativen Umfrage, dass 2004 27% der Frauen und 35% der
Männer einmal in ihrem Leben Cannabis konsumiert haben (vgl. BzGA 2004:7).

Diese Abweichung zu der internationalen Studie ist damit zu erklären, dass unterschiedliche Alterskohorten untersucht wurden. Die Umfrage der BzGA nahm auch
12 jährige mit auf. In der Untersuchung der Deutschen Hauptstelle für Suchtfragen
(DHS) wurden im Rahmen der Lebenszeitprävalenz erst Jugendliche ab dem 14. Lebensjahr befragt.

TOSSMAN kommt zu dem Schluss:

„Berücksichtigt man die Verbreitung des Cannabiskonsums innerhalb der vergangenen
Jahre, so kann sogar festgestellt werden, dass die Zahl der Cannabiskonsumenten in
Deutschland noch nie so hoch war wie derzeit" (TOSSMAN 2006: 510).

Wie in der Abbildung 1 deutlich wird, ist die Lebenszeitprävalenz bei beiden Ge-
schlechtern zwischen dem 14. und 24. Lebensjahr mit kleinen Schwankungen seit
1970 bis 2004 gestiegen. Bis 2004 nimmt der Konsum zwar bei beiden Geschlech-
tern zu, Frauen fallen prozentual aber stärker auf. Der Abstand ist zwischen den Ge-
schlechtern somit kleiner geworden. 1995 war die Prävalenz für Männer noch dreimal
so hoch wie für Frauen. 2003 nur noch doppelt so hoch (vgl. PETERSEN, THOMASIUS
2006: 19).

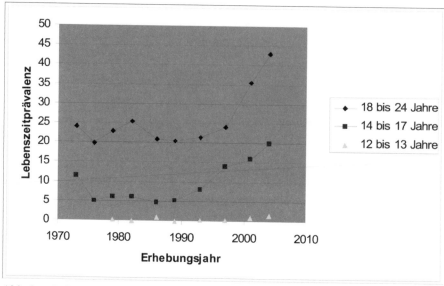

Abb. 2: **Lebenszeitprävalenz des Cannabiskonsums nach Alter von 1973 bis 2004 (vgl. ebd.: 136)**

Erst seit 1993 kann neben den Lebenszeiterfahrungen auch die *12-Monatserfahrung (-prävalenz)* dargestellt werden. Dies ist ein genauerer Indikator für regelmäßigen und aktuellen Konsum als die Lebenszeitprävalenz. Innerhalb von elf Jahren (1993-2004) steigt der Anteil derjenigen (siehe Abbildung 2), die im Alter zwischen 14 und 24 Jahren in den letzten zwölf Monaten Cannabis konsumiert haben.

Bei den männlichen Befragten stieg der Konsum von 15% auf 19%, bei den weiblichen von 7% auf 11% (vgl. KRAUS, TÖPPICH, ORTH 2007: 135).

Den Ergebnissen der Drogenaffinitätsstudie der BzGA (2004) zufolge hat insgesamt etwa unter den Jugendlichen im Alter zwischen 13 und 25 Jahren jeder 8. (13%) in den letzten 12 Monaten Cannabis konsumiert (vgl. TOSSMAN 2006: 511).

„Von denjenigen, die einen Cannabiskonsum im letzten Jahr angaben, konsumierte etwa jeder Fünfte Cannabis im Durchschnitt mindestens wöchentlich (60 mal oder öfter)" (KRAUS, GERSCHEL, PABST 2008: 19).

Unterschiedliche Konsummuster zeichnen sich auch bei den verschiedenen Alterskohorten ab. Die 12-13 jährigen weisen einen Cannabiskonsum in den letzten zwölf Monaten von gerade mal 1% auf (vgl. KRAUS, TÖPPICH, ORTH 2007: 135).

„Eine Differenzierung nach Altersgruppen zeigt jedoch, dass bis zum 15. Lebensjahr vergleichsweise wenige Jugendliche Drogen zu sich nehmen. In den darauf folgenden

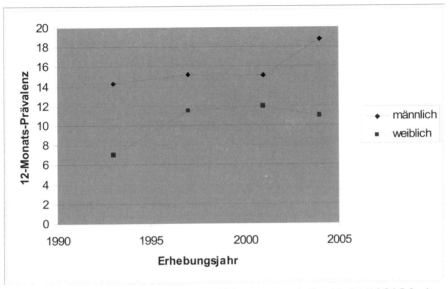

Abb. 3: 12-Monats-Prävalenz des Cannabiskonsums nach Geschlecht (14-24 Jahre) von 1993 bis 2004

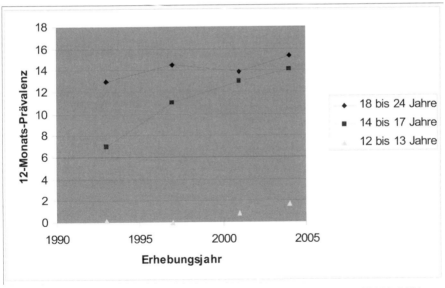

Abb. 4: 12-Monats-Prävalenz des Cannabiskonsums nach Alter von 1993 bis 2004 (vgl. ebd.: 138)

Altersgruppen jedoch steigt die Wahrscheinlichkeit des aktuellen Konsums deutlich an" (TOSSMANN 2006: 511).

Bei den 14-17 jährigen ist eine deutliche Zunahme zu verzeichnen (Abbildung 3). Der Anteil der Konsumenten verdoppelt sich von 7% auf 14% und ist damit auf gleicher Höhe wie der bei jungen Erwachsenen (17-24 jährigen) (vgl. KRAUS, TÖPPICH, ORTH 2007: 135).

Der BzGA zufolge gaben 16,8% der 15-17 jährigen und 18,3% der 18-20 jährigen an, in den letzten 12 Monaten Cannabis konsumiert zu haben (vgl. BzGA 2004: 6). Die 12-Monatserfahrung mit Cannabis bei den jungen Erwachsenen (18-24 Jahre) lässt keinen deutlichen Zuwachs erkennen (vgl. KRAUS, TÖPPICH, ORTH 2007: 135). Im Gegenteil:

„So nimmt die Wahrscheinlichkeit des aktuellen Cannabiskonsums in der Allgemeinbevölkerung (etwa) nach dem 23. Lebensjahr wieder ab" (TOSSMAN 2006: 512).

Der genaueste Indikator für aktuellen Konsum ist der *regelmäßige Cannabiskonsum*. Regelmäßiger Cannabiskonsum bedeutet häufiger als 10-mal Konsum von Cannabis im letzten Jahr[3].

Hier sinkt die Prävalenz des regelmäßigen Konsums von 1993-2004. Bei männlichen Jugendlichen und jungen Erwachsenen im Alter zwischen 14 und 24 Jahren von 7% auf 5%. Bei weiblichen Befragten liegt der regelmäßige Konsum zwischen 2%-3% (KRAUS, TÖPPICH, ORTH 2007: 139).

Regelmäßige Cannabiskonsumenten sind eher in der Alterskohorte der jungen Erwachsenen (18-24 Jahre) anzutreffen, welches nochmals die Abweichungen der oben genannten Studien (vgl. TOSSMAN 2005, KRAUS, TÖPPICH, ORTH 2007) und der Drogenaffinitätsstudie (vgl. BzGA 2004) erklärt, als bei den Jugendlichen (14-17Jahre).

2004 sind z.B. 4,4% der jungen Erwachsenen (18-24 Jahre) regelmäßige Konsumenten, wohingegen lediglich 2,0% der Jugendlichen im Alter von 14-17 Jahre regelmäßig konsumieren.

Bei den 12-13 jährigen sind es 0,7%. Somit ist bei ca. 400 000 jungen Menschen zwischen 14 und 24 Jahren von einem regelmäßigen Konsum auszugehen (vgl. ebd.: 139).

---

3.   Die Definition regelmäßiger Konsum hat sich allerdings zwischen 1997 und 2001 geändert.1993-1997: 10-mal oder häufiger im letzten Jahr bzw. 2001-2004: häufiger als 10-mal im letzten Jahr (vgl. KRAUS, TÖPPICH,ORTH 2007:140)

Tabelle 3: Prävalenz des regelmäßigen Canabiskonsums in Prozent (vgl. ebd.: 140)

	Männlich	Weiblich	Gesamt	12-12 Jahre	14-17 Jahre	18-24 Jahre
1993	6,7	2,6	4,7	0,0	2,6	5,8
1997	7,4	2,7	5,1	0,0	2,8	6,4
2001	4,3	2,7	3,5	0,1	3,0	3,8
2004	5,3	1,6	3,5	0,7	2,0	4,4

3.2 Der internationale Cannabiskonsum

"Cannabis (marijuana, hashish and related products) is the most widely illicit drug in the western world. At least 45 million people in the EU have tried cannabis, once or more often, at some point of their lives" (MINISTRY OF PUBLIC HEALTH BELGIUM 2002: 5).

Neuere Studien, z.B. die der europäischen Beobachtungsstelle für Drogensucht (EBDD), gehen sogar von 70 Millionen Menschen mit *Lebenszeitprävalenz* für Cannabis aus (vgl. EBDD JAHRESBERICHT 2007: 41). Das ist fast ein Viertel (22%) der gesamten Bevölkerung zwischen 15 und 64 Jahren (vgl. ebd.: 41).

Doch ist der Cannabiskonsum auf Europa bezogen kein homogenes Feld. Unterschiedliche Prävalenzraten und zeitlich historische Unterschiede in der Verbreitung sind zu beobachten. Die Raten der *Lebenszeitprävalenz* der 15-64 jährigen variieren zwischen ca. 2% (Bulgarien, Malta, Rumänien) und ca.37% (Dänemark, Spanien, Großbritannien) (vgl. ebd.: 41)

Auch die *12-Monats-Prävalenz* ist mit 23 Millionen (7%) Menschen laut EBDD leicht gesunken, aber auf historisch hohem Niveau (vgl. ebd.: 41). Hier variieren die Zahlen zwischen ca.1% und ca.11% (leider keine Angaben zu Ländern) (vgl. ebd.: 41).

13,4 Millionen Europäer haben in den letzten 12 Monaten Cannabis konsumiert (4%). Wobei die höchsten Werte ebenfalls aus Spanien (8,7%) und die niedrigsten aus Bulgarien (leider keine Angaben verfügbar) zu verzeichnen sind (vgl. ebd.).

Leider wurden auch keine länderspezifischen Angaben zu regelmäßigem Konsum gegeben. Es sind lediglich Angaben zum Konsum *in den letzten 30 Tagen* zu finden. Hier variiert die Prozentzahl europaweit zwischen 1,5 und 15,5.

Allgemein lässt sich festhalten, dass der Konsum europaweit in den 1990er Jahren stark zugenommen hat. Doch auch hier scheint sich die in Deutschland beobachtete Veränderung der Konsumprävalenz abzuzeichnen.

„Der Anstieg hat sich bis vor kurzen in vielen Ländern fortgesetzt, wobei es jedoch in einigen Ländern Anzeichen für eine Stabilisierung gibt" (ebd.: 44).

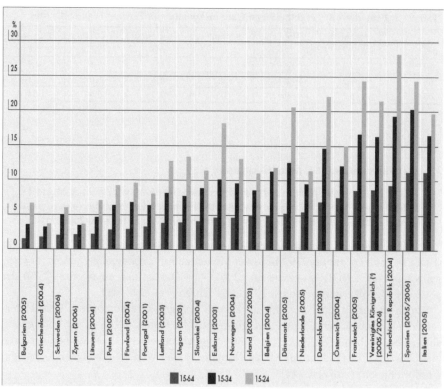

Abb. 5:   12 Monatsprävalenz aller europäischen Erwachsenen von 15-64, 15-34, 15-24 (vgl. EBDD 2007: 42).

Weltweit ...

"Cannabis remains by far the most commonly used drug in the world. Almost 160 million people used cannabis in 2005, equivalent to 3,8 per cent of the global population aged 15 to 64" (WORLD DRUG REPORT 2007: 114).

Die höchsten Konsumzahlen kommen aus Ozeanien. 15,8% der 15-64 jährigen haben mindestens einmal in ihrem Leben Cannabis konsumiert. Gefolgt von Nordamerika (10,7%), Afrika (7,7%) und Europa mit 7,4%. Asien hat lediglich einen Prozentsatz von 1,9%. Trotzdem leben wegen der hohen Bevölkerungsdichte die meisten Cannabiskonsumenten in Asien.

Tabelle 4: Lebenszeitprävalenz im internationalen Vergleich (vgl. WHO-Drug Report 2007: 114)

	No. of users	In % of population 15-64 years
Europe	30.500.000	5,6
West & Central Europe	23.400.000	7,4
South- East Europe	1.700.000	2,0
Eastern Europe	5.400.000	3,8
Americans	37.600.000	6,5
North America	30.900.000	10,7
South America	6.700.000	2,3
Asia	49.100.000	1,9
Oceanien	3.400.000	15,8
Africa	38.200.000	7,7
Global	158.800.000	3,8

Die Aussage von Petersen und Thomasius:
„Insgesamt scheine der Cannabiskonsum weltweit zuzunehmen" (Petersen, Thomasius 2006: 23)" könnte somit nicht mehr der neuesten Aktualität entsprechen.

"After years of increases, this year's cannabis use estimates of 159 million people are slightly lower than those published in last years's World Drug Report (162 million)" (World Drug Report 2007: 35).

Dies als eine Trendwende einzuschätzen scheint etwas verfrüht. Doch den teilweise dramatischen Aussagen mancher Zeitungen (vgl. Leurs 2004: 77) und Autoren kann betreffend des steigenden Konsums in Europa und weltweit (vgl. Täschner 2005: 19) von diesem Datenmaterial ausgehend nicht haltlos zugestimmt werden.

3.3 Ambulant und stationäre Behandlung von Cannabiskonsumenten in Deutschland

Die zunehmende Verbreitung (auch wenn die neusten Zahlen ein etwas anderes Bild aufzeigen) von Cannabis in der Bundesrepublik wird von einer ebenfalls ansteigenden Klientenzahl mit einer primären Cannabisproblematik in *ambulanten Beratungsstellen* begleitet (vgl. Simon 2004: 58).

Betrachtet man die aktuelle Datenlage, so haben ambulante Einrichtungen bei der Behandlung von Cannabisklienten besondere Priorität. Gesicherte und vergleichbare Zahlen können allerdings erst ab dem Jahr 1992 gegeben werden, „da zum einen die Systematik bei der Erfassung der Substanzen ab 1992 geändert wurde, zum anderen

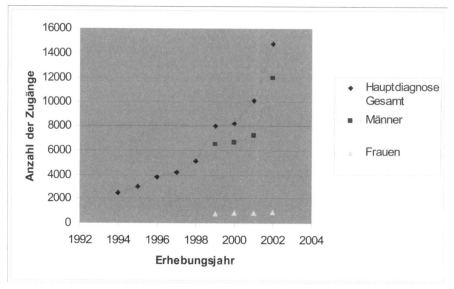

Abb. 6:   Zahl der Zugänge von ambulanten Klienten mit primären Cannabisproble-men (vgl. Simon 2004: 62)

erst ab 1992 Ost- und West-Deutschland in der Statistik berücksichtigt wurde" (Si-MON, Sonntag 2004: 36).

Hierbei ist festzuhalten, dass zwischen 1994 und 2004 die Zahlen latent gestiegen sind (vgl. Simon 2004: 62). Der Konsum hat sich in diesem Intervall versechsfacht (siehe Abbildung 5).

55% weisen eine Abhängigkeit oder einen schädlichen Gebrauch[4] von Alkohol auf. 21% der Klienten, die in ambulante Suchtberatungsstellen kommen, haben ein Opiatproblem, bei 12.6% ist ein Cannabisproblem diagnostiziert worden (vgl. Leune 2008: 193). Cannabis steht an dritter Stelle der Behandlungsbedürftigen Menschen in ambulanten Einrichtungen in der Bundesrepublik.

Bei Klienten, die das erste Mal eine ambulante Einrichtung aufsuchen, sind allerdings laut DBDD (2007) 57% den Cannabisfällen zuzuordnen und lediglich 22% Opiatklienten (vgl. DBDD 2007: XIV). Zu Alkohol wurden keine Angaben gemacht. Dies lässt auf einen vermehrten aktuellen Bedarf schließen.

---

4.   Bedeutsam ist die Abgrenzung der „Abhängigkeit" vom „Missbrauch"/„schädlichem Konsum".
      Während „Abhängigkeit" unstrittig als Krankheit angesehen wird, ist „schädlicher Konsum" ein auf-
      fälliges Verhalten, dessen Beratungs- oder Behandlungsbedürftigkeit, insbesondere sozialrechtlich,
      noch diskutiert wird (vgl. Kemper 2008; 219).

Auch hier ist der besonders hohe Anteil männlicher Klienten auffällig. "Der höchste Männeranteil findet sich unter den Klienten mit den Hauptdiagnosen Cannabis (86%) und Kokain (85%)" (SONNTAG 2006: 18). Wodurch deutlich wird, dass Männer besonders oft unter cannabisinduzierten Störungen leiden. Dies wird auch von der Hessischen Landesstelle für Suchtfragen betont. Laut der COMBASS-Analyse 2006 sind in den ambulanten Einrichtungen 85% der Cannabisklienten Männer (vgl. KALKE 2006: 25).

Bei diesen 27% (und 16% der Frauen), die 2006 ambulante Einrichtungen aufgesucht haben, konnte eine cannabisbezogene Störung (Abhängigkeit oder schädlicher Gebrauch) nach ICD-10[5] diagnostiziert werden (SONNTAG, HELLWICH, BAUER 2006: 184).

Tabelle 5: Verteilung der Hauptdiagnosen ambulant (vgl. SONNTAG, HELLWICH & BAUER 2008, 194)

Hauptdiag.	Männlich	Weiblich	Gesamt	Absolut
Alkohol	53,7%	57,7%	54,7%	74,319
Opioide	20,9%	19,7%	20,6%	28,029
Cannabinoide	14,3%	7,2%	12,6%	17,200
Sedativa/ Hypnotika	0,5%	2,2%	0,9%	1,216
Kokain	3,2%	3,2%	2,9%	3,887
Stimulanzien	2,5%	2,5%	2,6%	3,497
Halluzinogene	0,1%	0,1%	0,1%	107
Tabak	0,9%	2,8%	1,4%	1,899
Flüchtige Lösungsmittel	0,0%	0,0%	0,0%	21
Andere psychotrope Substanzen	1,0%	0,8%	0,9%	1,289
Ess-Störungen	0,1%	4,2%	1,1%	1,506
Pathologisches Spielverhalten	2,6%	0,9%	2,2%	3,017
n	103.159	32.669		135,987

---

5. ICD-10 (International Statistic Classifiction of Diseases) ist ein international Anerkanntes Diagnosekriterium. Empirisch gefunden Kriterien (Sympthome) werden als eine Konvention zur Bestimmung von Beeinträchtigungen benutzt. ICD-10 ist ein operationalisiertes Klassifikationssystem, durch die die Reliabilität und Validität von klinisch-psychologischen Diagnosen verbessert werden soll(vgl. KEMPER 2008: 218). Ein weiteres Kassifikationsystem zur Bestimmung von Beeinträchtigungen ist DSM-V (Diagnostic and Statistical Manual of Mental Disorders) die insbesonders noch die soziale Komponente bei substanzinduzierten Störungen berücksichtigt (vgl. BONNET 2004: 322)

Tabelle 6: Verteilung der Hauptdiagnosen stationär (vgl. ebd.)

Hauptdiag.	Männlich	Weiblich	Gesamt	Absolut
Alkohol	71,9%	78,6%	73,6%	23,894
Opioide	9,6%	6,9%	8,9%	2,892
Cannabinoide	4,4%	1,8%	3,7%	1,214
Sedative/ Hypnotika	0,5%	2,2%	0,9%	289
Kokain	1,5%	0,5%	1,2%	402
Stimulanzien	1,2%	0,5%	1,2%	336
Halluzinogene	0,0%	0,0%	0,0%	3
Tabak	0,1%	0,1%	0,1%	41
Flüchtige Lösungsmittel	0,0%	0,0%	0,0%	2
Andere psychotrope Substanzen	5,5%	5,3%	5,5%	1,774
Ess-Störungen	0,0%	0,1%	0,0%	6
Pathologisches Spielverhalten	1,4%	0,3%	1,1%	358
n	24,317	8,124		32,441

Ähnliche Ergebnisse liefert auch der Blick auf die *stationären Suchtbehandlungen*. 73,6% der Klienten weisen eine Abhängigkeit oder schädlichen Missbrauch von Alkohol auf. 8,9% stellen sich mit einer Opiatabhängigkeit bei stationären Einrichtungen vor. Cannabis ist wieder an dritter Stelle mit 3,7% zu behandelnder Klienten (vgl. SONNTAG 2008: 193). Somit ist die Gesamthäufigkeit der Cannabiskonsumenten in stationärer Behandlung – laut der Datenlage – eher als gering anzusehen (1.214 Klienten stationär vs. 17.200 Klienten ambulant betreut) und im Gegensatz zu Alkohol oder gar Opiatabhängigen von kurzer Dauer (vgl. ebd.: 194).

Trotzdem meldet die DBDD (2007), dass auch der Anteil der Cannabisklienten im stationären Bereich eine große Rolle spielt. So kommt 2006 ein Cannabispatient auf 2,4 Opiatklienten (vgl. DBDD 2007: XIV).

In stationären Institutionen beträgt der Anteil der Personen mit einer cannabisbezogenen Einzeldiagnose nach ICD-10 36% und bei Frauen 27% (vgl. SONNTAG 2008: 196).

Insgesamt sind ungefähr 75% der Behandelten im stationären Bereich mit der Hauptdiagnose „substanzbezogenen Störung" Männer (SONNTAG 2006: 46), was einen Indikator für eine besonders bei Männern ausgeprägte Affinität zu psychoaktiven Substanzen darstellt.

3.4 Aktuelle Zahlen und Trends des Cannabiskonsums in Deutschland

Im Folgenden sollen nun die aktuellen Zahlen genannt werden und in ein Verhältnis zu den älteren Daten gebracht werden, um dem Leser einen Einblick in die Entwicklung des Cannabiskonsums in der BRD zu geben und evtl. Veränderungen aufzuzeigen.

2004 lag die *Lebenszeitprävalenz* des Cannabiskonsums in der Alterskohorte zwischen 12-25 Jahren laut BzGA bei Männern noch bei 35% und bei Frauen bei 27% (Gesamt 31%; 12-15 Jahre 8%; 16-19 Jahre 36% 20-25 Jahre 44%) (vgl. BzGA 2004: 6); 2007 in der Alterskohorte 12-19 Jahre laut BzGA bei Männern 18.9% und bei Frauen 11,0% (Gesamt: 15,1%; 12-13 Jahre 0,4%; 14-17 Jahre 12,8%;18-19 Jahre 32,3%) (vgl. BzGA 2007: 7).

2004 lag die *12-Monats-Prävalenz* in der Alterskohorte zwischen 12-25 Jahren laut BzGA des Cannabiskonsums bei Männern noch bei 17% und bei den weiblichen Konsumenten bei 10% (Gesamt: 13%; 12-15 Jahre 5%; 16-19 Jahre 20%; 20-25 Jahre 15%) (vgl. BzGA 2004: 6).

2007 lag die *12-Monats-Prävalenz* in der Alterskohorte 12-19 Jahren bei Männern bei 11,1% und von den Frauen wiesen 4,8% eine 12-Monats-Prävalenz auf (Gesamt: 8,0%:12-13 Jahre 0,4%; 14-17 Jahre 8,4%; 18-19 Jahre 13,9%) (vgl. BzGA 2007: 7).

2004 lag die *30-Tage-Prävalenz* (gegenwärtiger Drogenkonsum) in der Alterskohorte 12-25 bei Männern bei 6% und bei Frauen 3% (Gesamt 5%; 12-15 Jahre 1%: 16-19 Jahre 6%; 20-25 Jahre 6%) (vgl. BzGA 2004: 7).

2007 lag die *30 Tage-Prävalenz* in der Alterskohorte 12-19 Jahren bei den Männern bei 5,2% und den weiblichem Konsumenten bei 1,5% (Gesamt: 3,4%; 12-13 Jahre 0,1;14-17 Jahre 3,3%;18-19 Jahre 6,4%) (vgl. BzGA 2007: 8).

2004 lag der *regelmäßige Konsum* (häufiger als 10-mal Cannabis im letzten Jahr konsumiert) von Cannabis wieder in der Alterskohorte 12-25 Jahren bei Männern bei 5% und bei Frauen bei 1% (Gesamt: 3%; 12-15 Jahre 1%; 16-19 Jahre 4%; 20-25 Jahre 4%) (vgl. BzGA 2004: 7).

2007 lag der *regelmäßige Konsum* in der Alterskohorte 12-19 Jahren bei den männlichen Konsumenten bei 3,6% und bei Frauen 1,0% (Gesamt: 2,3; 12-13 Jahre 0,0%; 14-17 Jahre 2,3%; 18-19 Jahre 4,3%) (vgl. BzGA 2007: 8).

Natürlich ist nochmals darauf hinzuweisen, dass die Zahlen nur eingeschränkt miteinander zu vergleichen sind, da die Alterskohorten unterschiedlich sind: Gerade die Gruppe der 19-25 Jährigen (die 2007 nicht mit analysiert wurden) fallen durch einen hohen und regelmäßigen Konsum auf.

Dennoch wird deutlich, dass bei allen Gesamthäufigkeiten im Gegensatz zu 2004 der Konsum von Cannabis signifikant gesunken ist. Lediglich die 30-Tagesprävalenz und der regelmäßige Konsum in dem Lebensabschnitt zwischen 17-24 Jahren ist relativ konstant geblieben.

Diese Aussagen decken sich mit Horn:

„Wie in anderen Industrieländern ist auch in Deutschland in letzter Zeit in jüngeren Altersgruppen nach vormals erheblichen Anstieg eine deutliche Reduktion der Prävalenz experimentellen und gelegentlichen Konsums zu verzeichnen, nicht jedoch des regelmäßigen Gebrauchs einer Minderheit der ‚User'" (HORN 2008: 96).

Somit ist der Aussage in der Expertise von PETERSEN und THOMASIUS

„Der Konsum der psychotropen Substanz Cannabis verbreitet sich insbesondere unter Jugendlichen und jungen Erwachsenen immer mehr. Das Erstkonsumalter sinkt langsam, die Cannabiserfahrung unter Schülerinnen und Schülern nimmt zu" (PETERSEN, THOMASIUS 2006: 19)

nicht mehr zuzustimmen und muss bei dem jetzigen Forschungsstand als veraltet angesehen werden.

Die Ursachen für diese Veränderung sind aber noch kaum analysiert und lassen keine gesicherte Schlussfolgerung zu (vgl. HORN 2008: 96).

4. Evidenz-basierte Medizin

Um darzulegen, nach welchen wissenschaftlichen Kriterien die Studie bearbeitet und ausgewertet worden ist, soll im Folgenden eine Beschreibung und Untersuchung des Ansatzes der „Evidenz-basierten Medizin" (EBM) gemacht werden. Evidenz-basierte Medizin (EBM), deren philosophischer Ursprung in Paris Mitte des 19. Jahrhunderts (Pariser Schule) und weiter zurückreicht, ist mehr denn je ein aktuelles Thema bei Klinikern, Sozialmedizinern, Einkäufern und Planern von Leistungen der Gesundheitsversorgung sowie der Öffentlichkeit (vgl. COCHRANE ZENTRUM 2008).

Als „Katalog" harter Richtlinien, Leitlinien und verschiedenster Methoden zur „wissenschaftlichen Auslese" soll sie helfen, die bestmögliche Versorgung der Patienten zu unterstützen und eine gewisse Verbindlichkeit in der wissenschaftlichen Literatur zu garantieren, wodurch sich der praktische Umgang im Gesundheitswesen in vielen Dingen verändert.

Wie schon erwähnt, hat die EBM in der Expertise von PETERSEN und THOMASIUS einen besonderen Stellenwert. Insgesamt wurde die Arbeit evidenzgeleitet ausgewertet. Sämtliche verwendete Studien wurden nach Kriterien und Leitlinien der EBM behandelt und eingeschätzt, mit dem Ziel die Ergebnisse als valide zu präsentieren. Inwiefern EBM Wissenschaftlichkeit garantiert und ob sich dieses klinische Design auch dazu eignet, um psychosoziale Faktoren zu beschreiben, soll im Folgenden diskutiert werden.

Dazu werde ich folgende Fragen beantworten: Wie funktioniert EBM? Wie sind die Methoden? Wie kann durch solch ein hartes Reglement eine Erhöhung valider Aussagen und Behandlungspläne und Objektivität im Forschungsbereich gesichert werden? Welche Möglichkeiten bietet sie und wo sind ihre Grenzen? Wo liegt die Motivation für eine Umstrukturierung ärztlicher Vorgehensweise? Diese Fragen der EBM betreffend sollen in den folgenden Kapiteln bearbeitet werden.

4.1 Der Begriff der Evidenz

Da der Begriff der Evidenz international verschiedene semantische Bedeutungen hat, möchte ich an dieser Stelle eine Definition geben, um Missverständnisse auszuklammern, und in einen medizinischen Kontext stellen.

Aus dem lateinischen kommend, bedeutet es wörtlich übersetzt „Augenfälligkeit".

Im Duden wird im deutschsprachigen Raum Evidenz mit „Deutlichkeit", „vollständige, überwiegende Gewissheit", „einleuchtende Erkenntnis" erklärt (vgl. DRODOWSKI

1984: 137); ist also nicht an wissenschaftliche Untersuchungen oder Disputation gekoppelt. Das englische Evidence wird als Beweis, Befund, Zeugnis und als Beweis
deutlich sichtbar, übersetzt. Der Unterschied der Wortbedeutung des englischen und
deutschen Begriffs der Evidenz ist darin zu finden, dass im Deutschen der Begriff der
Evidenz die Bedeutung des adjektivischen evident meint.

Wenn man von Evidenz im Kontext der evidenz-basierten Praxis spricht, leitet
sich der Begriff vom englischen Wortgebrauch ab. Also Evidenz hier als Beweis und
„bezieht sich auf die Informationen aus klinischen Studien, die einen Sachverhalt
erhärten oder widerlegen" (GAEBEL 2006: 12).

Wichtig hierbei ist, dass es unterschiedliche Typen der Evidenz gibt.

„Im Kontext naturwissenschaftlich-biologischer Grundlagenforschung ergibt sich Evidenz aus der theoretischen Stimmigkeit auf wissenschaftlichen Experimenten beruhen-
der Ergebnisse, die dann zur Aufklärung der Ätiologie und Pathogenese von Krank-
heitsprozessen verwendet wird" (PERLETH, RASPE 2000: 120).

Davon abgrenzen lässt sich die Evidenz für die Zweckmäßigkeit einer diagnos-
tischen oder therapeutischen Maßnahme, also die Begründung einer zielführenden,
wirksamen Intervention. Dieser Sachverhalt ist es, den der Evidenzbegriff der EBM
meint. Dies beinhaltet auch die Stärke der Effekte und ihrer Echtheit (Validität).

„Schließlich könnte man noch die Evidenz der klinischen Beobachtung abgrenzen, die
unmittelbar Symptome und Befunde wahrnimmt und das Vorliegen einer Krankheit
evident macht (‚der klinische Blick‘)" (ebd.: 119).

4.2 Evidenz-basierte Medizin versus konventioneller Medizin - eine Analyse der Unterschiede

Unter Evidenz-basierter Medizin versteht man nach dem Kompendium Evidenz-basierter Medizin

„[…] eine Vorgehensweise des medizinischen Handelns, individuelle Patienten auf der
Basis der besten zur Verfügung stehenden Daten zu versorgen. Diese Technik umfasst
die systematische Suche nach der relevanten Evidenz in der medizinischen Literatur für
ein konkret klinisches Problem, die kritische Beurteilung der Validität der Evidenz nach
klinisch-epidemiologischen Gesichtspunkten; die Bewertung der Größe des beobach-
teten Effektes sowie die Anwendung dieser Evidenz auf den konkreten Patienten mit
Hilfe der klinischen Erfahrung und der Vorstellung der Patienten" (GAEBEL 2006: 14).

„Evidenz-basierte Medizin ist der gewissenhafte, ausdrückliche und vernünftige Gebrauch der gegenwärtig besten externen, wissenschaftlichen Evidenz für Entscheidungen in der medizinischen Versorgung individueller Patienten. Die Praxis der Evidenz-

basierten Medizin bedeutet die Integration individueller klinischer Expertise mit der best verfügbaren externen Evidenz aus systematischer Forschung" (SACKETT 2000: 9).

Daraus wird deutlich, dass EBM sich auf drei Säulen stützt: der individuellen klinischen Erfahrung, der Werte und Wünsche des Patienten und des aktuellen Standes der klinischen Forschung. Dieser integrative Ansatz ist grundsätzlich nichts Neues.

„Neu und wesentlich für die EBM ist jedoch der strukturierte und systematische Zugang, mit dem eine möglichst transparente, zeitnahe und unverzerrte Berücksichtigung von Studienergebnissen erreicht werden soll" (COCHRANE ZENTRUM 2008).

Wie dies im Konkreten aussieht wird im späteren Verlauf noch deutlich.

Um sich dem Begriff der EBM zu nähern, ist es sinnvoll sich klar zumachen, was EBM nicht ist.

Schätzungen in den frühen 1980er Jahren haben gezeigt, dass gerade einmal 10-20% der medizinischen Handlungen aufgrund wissenschaftlicher Beweise durchgeführt wurden (vgl. BARTENS, FISCHER 1999: 17). Die Alterung von medizinischem Wissen beträgt derzeit eine Halbwertszeit von 5 Jahren (vgl. COCHRANE CENTRUM) TRISHA GREENHALGH kommt zu dem Schluss:

„Nein wir haben EBM nicht praktiziert. […] Klinische Entscheidungen sind nur selten durch die besten verfügbaren Beweise begründet. Schätzungen der frühen 1980er Jahre legen den Schluss nahe, dass nur 10-20% der medizinischen Handlungen (Pharmakotherapie, Operationen, Röntgenaufnahmen, Blutuntersuchungen usw.) aufgrund vernünftiger wissenschaftlicher Beweise durchgeführt wurden" (GREENHALGH 2000: 20).

So kann geschlussfolgert werden, dass es andere Beweggründe gab, einen entsprechenden Behandlungsplan als angemessen einzustufen, als sich nach klinischen Evidenzen zu richten.

Als Beweggründe führt GREENHALGH folgende Prinzipien auf: Entscheidungsfindung nach dem Prinzip Anekdote, durch Sammeln von Veröffentlichungen, Entscheidungsfindung durch Expertenmeinungen sowie Entscheidungen durch Kostenminimierung (vgl. GREENALGH 2000: 22).

Die dadurch entstehende Mixtur ärztlicher Handlungsmaxime schlägt sich oftmals in einer verwirrenden, rational nicht immer nachvollziehbaren Verschiedenheit ärztlichen Handelns nieder, die von weniger wohlmeinenden Kritikern als therapeutische Beliebigkeit bezeichnet wird (vgl. HEIMPEL 1999: 81).

Aber nicht nur persönliche Erfahrungen, sondern auch zahlreiche Studien konnten immer wieder zeigen, dass ärztliches Handeln und die Behandlungsergebnisse recht häufig durch eine auffällige, medizinisch nicht plausible Varianz gekennzeichnet sind. Ein Phänomen das in der Versorgungsforschung als „Praxisvariation" bezeichnet wird (vgl. HELOU, PERLETH 2000: 71)

EBM versucht diese Strukturen zu durchbrechen und durch ein hartes methodisches Verfahren die Patientenperspektive in der klinischen Entscheidungsfindung zu verbessern und ebenso das Design und die Durchführung von Forschungsstudien verbindlicher zu gestalten.

Wichtig in diesem Zusammenhang ist, dass es bei EBM nicht darum geht, alles bereits von Beginn an zu wissen, was in der Vergangenheit gelesen wurde, sondern wie die eigenen zukünftigen Lernbedürfnisse erkannt werden können und das persönliche Wissen angemessen für neue klinische Situationen erweitert werden kann, um zu verbesserten klinischen Ergebnissen zu kommen.

Die Motivation der Mediziner, die sich nach den Kriterien des Evidenz-basierten-Ansatzes richten, ist des Weiteren dadurch hervorzuheben, dass etwa im Durchschnitt bei jedem zweiten behandelten Patienten ungefähr dreimal ein gewisser Grad einer wissenschaftlichen Unsicherheit bleibt, wenn der Patient von einem erfahrenen Chefarzt betreut wird (vgl. GREENHALGH 2000: 25).

EBM könnte maßgeblich dazu beitragen, den durch Hierarchien und Expertenwissen durchtränkten medizinischen Alltag neu zu gestalten und z.b. neue Beweise eines jungen Mediziners, oder einer Pflegekraft, gegen die Meinung eines Chefarztes durchzusetzen und eine objektive Verbesserung der medizinischen Versorgung zu erzielen, die in letzter Konsequenz Menschenleben retten kann (vgl. FISCHER, BARTENS 1999: 17).

Doch gerade dieser Punkt konkurriert mit dem Ego vieler Mediziner, denen es schwer fällt Unwissenheit zuzugeben. Viele Ärzte fühlen sich persönlich angegriffen. Sie verstehen die Kritik der EBM an ihrem bisherigen Vorgehen als eine Unterstellung von wissenschaftlichem Analphabetismus, die veröffentlichte medizinische Beweise ignorieren (vgl. ebd.: 17).

„Der Umgang mit Situationen, in den ein PJ-Student den Chefarzt während der Visite verbessert, ist für viele ältere Mediziner womöglich schwerer zu erlernen als ein neues Computerprogramm zur systematischen Literatursuche" (BARTENS 1999: 280).

In diesem Kapitel sollte deutlich gemacht werden, worin die Beweggründe der Mediziner liegen, sich nach EBM-Kriterien zu richten und worin die Gründe zu suchen sind neue Wege zu gehen. Die Hoffnung der Befürworter von EBM ist, dass durch das vorgegebene Reglement ihre Arbeit verbessert und verbindlicher gestaltet wird.

Im Folgenden sollen die konkreten Vorgehensweisen und Methoden beschrieben werden, um ein genaueres Verständnis zu bekommen, wie die praktische Umsetzung des EBM-Ansatzes aussieht.

4.3 Vorgehensweisen und Methoden der EBM

Wie oben erwähnt, macht die Informations- und Wissensmenge die Übernahme wissenschaftlicher Erkenntnisse in die Praxis schwierig. Die genannten Zahlen und Fakten machen deutlich, dass der Erfolg der wissenschaftlichen Entscheidungen im ärztlichen Alltag keine Frage des guten Willens und der persönlichen Einsatzbereitschaft des Einzelnen ist, sondern im Rahmen des klassischen Instrumentariums nicht lösbar ist.

Mit dem rapiden Anwachsen des Wissens und der unsystematischen Präsentation ist sowohl die weite Streuung (diverse Zeitschriften, interne Reports, Datenbanken), wie auch der für die schnelle Nutzung meistens nicht geeignete Aufbau von Artikeln gemeint (vgl. ANTES 2000: 19). Dies sind natürlich hinderliche Fakten, betreffend der ärztlichen Motivation, das Informationsangebot als Entscheidungshilfe und Fortbildung zu nutzen.

An erster Stelle sind drei Eckpfeiler der EBM zu nennen, die diesen Problemen entgegenwirken sollen.

- – „die technische Voraussetzung (sehr schneller Zugang zu Informationsmedien)
- – die aufbereiteten Inhalte (qualitätsgesichert und schnell erfassbar)
- – die persönlichen Fähigkeiten für die Nutzung (sicherer Umgang mit den Medien und Inhalten)" (PERLETH, ANTES 2002: 20).

4.3.1 Beurteilung einer Studie

Das konkrete Vorgehen Evidenz-basierter Medizin, welches zu einer verbesserten Patientenversorgung führen soll, gliedert sich in fünf Schritte.
1. Formulierung einer beantwortbaren Frage, die sich aus dem konkreten klinischen Problem ergibt.
2. Effiziente Suche nach der "best evidence" zur Beantwortung dieser Frage (Literaturrecherche).
3. Kritische Bewertung der Validität und Nützlichkeit der "best evidence"
4. Umsetzung dieser Bewertung in die klinische Praxis, d.h. allfällige Anwendung der "best evidence".
5. Evaluation des eigenen Vorgehens (vgl. PORTWICH 2005: 320).[6]

---

6. Das Aufzeigen eines Beispieles würde leider den Rahmen dieser Arbeit sprengen. Bei Interesse kann dieses aber auf: http://www.medizinalrat.de/Eb_Medicine/EbM_-_Theorie_und_Handwerkszeu/ebm_-_theorie_und_handwerkszeu1.html abgerufen werden (vgl. COCHRANE ZENTRUM).

Für die Literaturrecherche stehen dem Mediziner neben Zeitschriften die evidenz-geleiteten Datenbanken zur Verfügung, die die bedeutendsten Instrumente der evidenzbasiert arbeitenden Mediziner sind.

Die bedeutendsten sind:
- die Cochrane Library (vgl. COCHRANE ZENTRUM)
- Medline (vgl. MEDIZINISCHE LITERATURDATENBANK)
- Psyndex (vgl. LEIBNITZ INSTITUT)
- PsyINFO (früher Psyclit) (vgl. APA-ONLINE)

Alles sind elektronische Datenbanken, die Übersichtsartikel zu Krankheitsbildern, Therapie und Behandlung vorhalten. Unterschiede sind im Umfang und in den Schwerpunkten zu finden.

Die Cochrane Collaboration bieten Wissenschaftlern und Ärzten eine wissenschaftlich fundierte Informationsgrundlage, um den aktuellen Stand der klinischen Forschung in kurzer Zeit objektiv beurteilen zu können. Die Cochrane Collaboration, ein internationales Netzwerk von Wissenschaftlern, hat es sich zur Aufgabe gemacht, systematische Übersichtsarbeiten zu erstellen und in einer eigenen Datenbank, der Cochrane Library, zur Verfügung zu stellen (vgl. COCHRANE ZENTRUM).

MEDLINE enthält Nachweise der internationalen Literatur aus allen Bereichen der Medizin, einschließlich der Zahn- und Veterinärmedizin, Psychologie und des öffentlichen Gesundheitswesens. Die Datenbank entspricht dem gedruckten Index Medicus und einigen anderen gedruckten Bibliografien (vgl. MEDIZINISCHE LITERATUR-DATENBANK).

Psyndex und PsyINFO sind Datenbanken, in denen Kurzreferate von psychologischen Publikationen enthalten sind.

Psyndex deckt inhaltlich die gesamte Psychologie, einschließlich psychologisch relevanter Aspekte aus Nachbardisziplinen wie Psychiatrie, Soziologie, Erziehung, Philosophie, Sport, Kriminologie, Linguistik und angewandte Ökonomie ab, und zwar die Zeitschriften ab dem Erscheinungsjahr 1977 (vgl. LEIBNITZ INSTITUT).

PsyINFO wertet ebenfalls Literatur aus dem selben Themenbereich aus, setzt aber deutlich früher an. Hier werden Literaturnachweise schon ab dem Jahr 1887 geliefert (vgl. APA-ONLINE).

Somit ist es dem behandelnden Arzt möglich, innerhalb kürzester Zeit die Meinung tausender Ärzte, die Millionen Patienten behandelt haben, einzuholen.

> „In der Konsequenz sollte dies zu einer Verbesserung der Patientenversorgung führen. Ob und in welchen Umfang dies tatsächlich der Fall ist, wird die zukünftige medizinische Praxis zeigen" (FISCHER, BARTENS 1999: 21).

Die weiteren aufgezeigten Schritte sind für die Mediziner in Fortbildungen zu erlernen.

EBM ist somit ein medizinisches „Qualitätsmanagment", welches medizinisches Handeln standardisieren und valider gestalten soll. Doch wie werden diese Standards entwickelt und wodurch zeichnen sie sich aus? Im folgenden Abschnitt sollen Erklärungen, die diese Frage tangieren, aufgezeigt werden.

4.3.2 Standards, Richtlinien, Leitlinien

„Allgemein bedeutet der Bergriff des *Standards* umgangssprachlich das ‚Normale'", ‚Übliche' oder ‚Durchschnittliche'" (SCHMIDT 2006: 1).

„In der Qualitätssicherung ärztlicher Berufsausübung werden unter einem fachspezifischen Standard Werte validierter Indikatoren von Struktur-, Prozess- und Ergebnisqualität von Kliniken und Ärzten verstanden" (ebd.).

Um dies zu erreichen, werden die einzelnen Indikatoren von solchen Kliniken und Ärzten zusammengefasst, die mit besonderer Sorgfalt vorgehen.

„Damit ist das tatsächliche, gegenwärtig gegebene durchschnittliche Leistungsniveau ('state of the art') beschrieben" (ebd.).

Dieser medizinische Standard wird meistens durch drei unterschiedliche Typisierungen unterschieden.

– „eine Empfehlung mit Kann-Anweisungen
– eine Leitlinie mit Soll-Anweisungen
– eine Richtlinie mit Muss-Anweisungen" (ebd.: 2)

Der Standard entwickelt sich aus den drei genannten Anweisungen. Empfehlungen mit Kann-Anweisungen sind als medizinische Anregung zu verstehen. Aus den eben genannten Punkten wird deutlich, dass der Unterschied zwischen Richtlinie und Leitlinien darin besteht, dass *Richtlinien* verbindliche „Standards" sind. Richtlinien sind Handlungsregeln einer gesetzlich, berufsrechtlich, standesrechtlich oder satzungsrechtlich legitimierten Institution, die für den Rechtsraum dieser Institution verbindlich sind und deren Nichtbeachtung definierte Sanktionen nach sich ziehen kann (vgl. ebd).
Der entscheidende Anlass für die Entwicklung von *Leitlinien* war/ist der zunehmende ökonomische Druck auf das Gesundheitswesen. Durch eine Harmonisierung der Handlungsalternativen sollte mehr Leistungstransparenz erzeugt und der Forderung nach einer angemessenen ökonomischen Krankenversorgung entsprochen werden (vgl. KÖBERLING 1999: 253).

„Unter Leitlinien ist das medizinische Streben zu verstehen eine größtmögliche Qualitätssicherung, Standardisierung und bessere Transparenz medizinischen Handelns zu erlangen" (HELOU, PERLETH 2002: 71).

„Leitlinien orientieren sich am Referenzbereich diagnostischer und therapeutischer Standards, sie sollen den Arzt nicht binden, drücken aber eine bestimmte Verbindlichkeit aus" (SCHMIDT 2006: 2).

Es sind demnach Instrumente zur Orientierung der Versorgungsentscheidung des Gesundheitspersonals und zur Förderung der informierten Teilnahme des Kranken. Eine Entscheidungshilfe, welche Versorgung unter bestimmten klinischen Bedingungen als angemessen angesehen werden kann.

Der Arzt selbst muss dann unter Berücksichtigung des einzelnen Patienten und dessen Gegebenheiten und Ressourcen entscheiden, ob er eine gewisse Empfehlung annimmt oder nicht.

Wie oben erläutert wurde, war ärztliches Handeln oft auf der Expertenmeinung medizinischer Autoritäten zurückzuführen. Dies schlägt sich auch bei der Erstellung von Leitlinien nieder. Bislang überwiegen so genannte Experten- und Konsensus-Leitlinien, die auf der konsentierten Meinung anerkannter Autoritäten basieren (vgl. HELOU, PERLETH 2002: 71).

Das Konzept der „meinungsbasierten" Leitlinien hat aus methodischer Sicht eklatante Mängel.

Es ist nicht nachzuvollziehen, in welchem Umfang die Empfehlungen auf persönlicher Meinung des Experten oder auf den Ergebnissen methodisch akzeptabler Studien beruhen. Zum anderen bleibt unklar, ob die Autoren der Leitlinien die relevante wissenschaftliche Evidenz berücksichtigt haben, und ob sie sich bei der Interpretation der Evidenz durch die Anwendung der Prinzipien der klinischen Epidemiologie vor Fehlschlüssen hinreichend geschützt haben.

Evidenz basierte Leitlinien sind Leitlinien, bei deren Erstellung die relevante wissenschaftliche Evidenz gemäß den Kriterien der EBM angewandt wurde (vgl. HELOU, PERLETH 2002: 76).

EBM- Leitlinien sollten nachweislich folgende Merkmale erfüllen:

- „Allgemeine Beschreibung und Begründung der Methoden und Datenquellen, mit deren Hilfe die zugrunde liegende Evidenz recherchiert, identifiziert und ausgewählt wurde.
- Nachvollziehbare Dokumentation der Informationsquellen, der Suchstrategien und der Ergebnisse.
- Beschreibung der Methoden zur Interpretation und Bewertung der Evidenzstärke der verwendeten Informationen.
- Explizite Verknüpfung der Empfehlungen mit der zugrunde liegenden Evidenz, z.B. in Form von Empfehlungsklassen" (HELOU, PERLETH 2002: 76).

Erst dann kann von einer Evidenz-basierten Leitlinie gesprochen werden.

4.3.3 Hierarchie der Evidenz

Die Einschätzung, ob Studien, wissenschaftliche Veröffentlichungen, Leitlinien zu verschiedenen Behandlungen, Therapiepläne etc., valide Evidenz inne haben, lässt sich anhand des Designs ableiten und einteilen. Die praktische Umsetzung der verschiedenen Designs ist unterschiedlich aufwändig. Unterschiedlich ist aber auch der Evidenzgewinn, der durch sie erzielt wird. Verschiedene Institutionen und Autoren haben eine „Hierarchie der Evidenz" entwickelt, wodurch dem Suchenden kenntlich gemacht wird, welches Design von hoher Qualität ist. Übereinstimmend wurde folgendes Ergebnis festgehalten:

1. „systematische Reviews und Meta-Analysen
2. randomisiert - kontrollierte Studien
3. Kohorten-Studie
4. Case-Control-Studien
5. Überkreuzstudien
6. Fallberichte"

(FISCHER/BARTENS/DIETRICH 1999: 121; ÄRZTLICHE ZENTRALSTELLE FÜR QUALITÄTSSICHERUNG (AZQ); DEUTSCHE GESELLSCHAFT FÜR ALLGEMEINMEDIZIN UND FAMILIENMEDIZIN (DEGAM))

Im Folgenden sollen diese Studientypen erläutert werden, um verständlich darzulegen, welche Methoden und Studiendesigns in die Expertise von Petersen und Thomasius eingeflossen sind. Auch in dieser Studie wurde sich nach der Hierarchie der Evidenz zur Einschätzung der Validität der verwendeten Studien gerichtet.

4.4 Formen medizinischer Veröffentlichungen

1. Systematische Reviews und Meta-Analysen

Systematische Reviews und Meta-Analysen sind so genannte sekundäre Veröffentlichungen. Das bedeutet, dass sie alle primären Studien, die es zu einem Thema gibt, erfassen und nach strengen Kriterien beurteilen. Die Meta-Analysen stützen sich auf statistische Verfahren, um die Ergebnisse mehrerer Studien, die die gleiche Frage bearbeiten, quantitativ zu einem Gesamtergebnis zusammenzufassen und dadurch die Aussagekraft (Genauigkeit der Effektschätzer) gegenüber Einzelstudien zu erhöhen (vgl. GAEBEL 2006: 14). Sie stellen einen Themenpool von Studien dar, die nach strengen methodischen Regeln intensiv Schritt für Schritt geprüft und erst dann, bei

Erfüllung der Kriterien in die Analyse miteinbezogen werden (vgl. Cochrane Centrum). Ein anderes Studiendesign stellen die Systematischen Reviews dar (Synonym: Systematische Übersicht). Auch hier werden bei einer klar formulierten Frage alle verfügbaren Primärstudien systematisch und nach expliziten Methoden identifiziert, ausgewählt und kritisch bewertet sowie die Ergebnisse extrahiert und deskriptiv oder mit statistischen Methoden quantitativ (Meta-Analysen) zusammengefasst (vgl. Gaebel 2006: 14). Der Unterschied liegt also in der Synthese der Studien. Werden die Studien eines systematischen Reviews synthetisiert (unter quantitativen Aspekten analysiert), wird ein Review zur Meta-Analyse (vgl. Cochrane Zentrum). Dies ist aber nicht immer der Fall.

2. Randomisiert kontrollierte Studien

Unter Randomisierung „wird die zufällige Zuordnung der Therapiemaßnahmen bei Behandlungsgruppen verstanden" (Wink 2006: 17).

Es gibt somit immer eine Interventionsgruppe (z.b. medikamentöse Behandlung) und eine Kontrollgruppe (z.b. Placebo-Gruppe). Beide Gruppen werden für eine bestimmte Zeit engmaschig überwacht und im Hinblick auf festgelegte Parameter zum Studienende oder auch zwischenzeitlich analysiert (vgl. Fischer, Bartens, Dietrich 1999: 114).

Die Verteilung kann durch (computergenerierte) Zufallszahlen oder andere Mechanismen erreicht werden. Damit soll sichergestellt werden, dass alle Teilnehmer die gleiche Chance haben, der einen oder der anderen Gruppe zugeordnet zu werden und es wahrscheinlich ist, dass sich bekannte wie unbekannte Risiko- und Prognosefaktoren gleichmäßig auf beide Gruppen verteilen. Wenn sich zwischen den beiden Gruppen in den Endpunkten ein Unterschied zeigt, kann dieser tatsächlich der experimentellen Intervention zugeordnet werden (vgl. Gaebel 2006: 14).

Randomisierte Studien können offen, blind oder doppelblind durchgeführt werden.

„Offen bedeutet, dass der Patient und alle an der Studie Beteiligten wissen, welche Testmedikamente gegeben wurden. Einfach verblindet bedeutet, dass in der Regel der Patient nicht über die Zuordnung informiert wurde. Doppelte Verblindung heißt, dass sowohl Patient als auch Arzt verblindet sind[7] " (Wink 2006: 17).

---

7.   Ergänzend dazu gibt es noch die so genannte Double-dummy-Technik. Beim Vergleich zweier Fertigarzneimittel, wovon z.b. das eine in Tabletten- und das andere in Kapselform vorliegt, bekommen alle Patienten je eine Tablette und eine Kapsel. Dabei enthält allerdings in der einen Behandlungsgruppe die Tablette das Arzneimittel und die Kapsel ein Placebo, in der anderen Gruppe die Tablette ein Placebo und die Kapsel das Medikament.

Randomisiert-kontrollierte Studien gelten als „Goldstandard" in der medizinischen Forschung.

3. Kohorten-Studien

In einer Kohorten-Studie werden mindestens zwei verschiedene Patientengruppen ausgewählt, die sich im Hinblick auf ihre Exposition (das Ausgesetztsein des Körpers gegenüber Umwelteinflüssen) einer bestimmten Substanz oder einem anderen Einflussfaktor gegenüber unterscheiden (vgl. FISCHER, BARTENS, DIETRICH 1999: 117). Diese Gruppen werden in ihrem Verlauf beobachtet und es wird untersucht, wie viele Probanden in den einzelnen Gruppen eine Erkrankung entwickeln oder sich anderweitig verändern. Im Gegensatz zu den randomisiert-kontrollierten Studien, bei denen in der Regel Menschen untersucht werden, die bereits eine Erkrankung haben, werden bei Kohorten-Studien Untersuchungen mit Teilnehmern durchgeführt, die erkranken können oder bei denen die Exposition nicht zur Herausbildung von Symptomen führt. Eine Kohorten-Studie kann auch für prognostische Fragestellungen Verwendung finden, beispielsweise was mit jemanden passiert, der schon eine Erkrankung hat.

Eine historische und gleichzeitig auch die berühmteste Kohorten-Studie ist die von Sir Austen Bradford Hill, Sir Richard Doll und Richard Peto durchgeführte. Sie untersuchten und begleiteten 40 000 britische Ärzte, die in vier Gruppen aufgeteilt wurden: Nicht-Raucher, leichte und mittlere Raucher sowie starke Raucher. Diese Studie wurde bereits in den 1950 er Jahren begonnen. Die erste Publikation nach zehn Jahren zeigte einen erheblichen Anstieg durch Lungenkrebs wie auch der Todesfälle aller Raucher. Weiterhin wurde eine Dosis-Wirkungs-Beziehung sichtbar, die im Verlauf immer deutlicher wurde. Insgesamt wurde diese Studie in einem Zeitraum von 40 Jahren durchgeführt und bestätigt die Aussagekraft einer methodisch einwandfrei durchgeführten Kohorten-Studie.

4. Case-Controll-Studien (Fall-Kontroll-Studien)

In einer Case-Controll-Studie werden Patienten mit bestimmten Erkrankungen oder Charakteristika (Case) identifiziert und mit Kontrollprobanden (Controll: Patienten mit einer anderen Krankheit, der allgemeinen Bevölkerung, Nachbarn, Verwandte etc.) „abgeglichen" (vgl. FISCHER, BARTENS, DIETRICH 1999: 119).

Sie sind immer retrospektiv. Es sind somit „rückblickende" Studien.

Ähnlich wie bei den Kohorten-Studien geht es bei den Case-Controll-Studien darum, die Ätiologie (Gesamtheit der Faktoren, die eine Krankheit verursachen) einer

Erkrankung zu untersuchen. Es geht um die Frage, was verursacht die Erkrankung und nicht darum, einen bestimmten Handlungsplan auf seine medizinische Relevanz zu untersuchen. Wie zuvor deutlich wurde haben Case-Controll-Studien ein niedrigeres Evidenz-Level, sind aber oftmals die einzigen Möglichkeiten, seltene Krankheitsbilder systematisch zu untersuchen. Praktisch werden Case-Controll-Studien für Fragestellungen eingesetzt, bei denen es beispielsweise darum geht, ob Hochspannungsleitungen Leukämie erzeugen. Oder ob ein bestimmtes Impfmittel physische Konsequenzen für die Benutzer aufweist. Oder ob Cannabiskonsumenten im Vergleich zu Nichtkonsumenten neuronale Beeinträchtigungen haben etc.

Wichtig hierbei ist, dass durch dieses Studiendesign niemals eine Kausalität begründet werden kann - mit andern Worten, das Verhältnis von A zu B in einer Case-Controll-Studie beweist nicht, dass A auch B verursacht hat (vgl. GREENHALGH 2000: 68).

5. Cross sectional Surveys (Überkreuzstudien)

„Bei Umfragen und Untersuchungen wird eine repräsentative Auswahl von Probanden interviewt, untersucht oder anderweitig analysiert" (FISCHER, BARTENS, DIETRICH 1999: 120).

Die Daten werden immer zu definierten Zeiträumen erhoben, allerdings können sie sich auf Gesundheitsfragen in der Vergangenheit beziehen (vgl. GREENHALGH 2000: 23). Wichtig hierbei ist, dass bei diesem Studiendesign jeder Proband zur Behandlungs- und Kontrollgruppe gehört.

„Diese verbundene Versuchsanordnung stellt die Strukturgleichheit der beiden Gruppen sicher, wenn bei ungleichzeitigen Behandlungen die Reihenfolgen jeweils ausgetauscht sind" (FISCHER, BARTENS, DIETRICH 1999 :120).

Klassische Fragestellungen sind z.B. „Wie ist die normale Grösse eines drei Jahre alten Kindes?" (GREEHALGH 2000: 69), oder ob es z.b. stimmt, dass die Hälfte aller Diabetesfälle nicht diagnostiziert werden (vgl. ebd.)

6. Case Reports (Fallberichte)

„Ein Fallbericht beschreibt die medizinische Geschichte eines einzelnen Patienten in Form einer Erzählung" (FISCHER, BARTENS, DIETRICH 1999: 121/GREENHALGH 2000: 69).

Fallberichte erscheinen oftmals in einer Serie, um besondere Aspekte einer Krankheit, einer Behandlung oder einer Nebenwirkung zu beschreiben und zu illustrieren. Obwohl diese Art der Studie durch ihren subjektiven Charakter eine geringe wissenschaftliche Beweiskraft innehat, so ist sie doch unersetzlich, da in ihnen oft Informationen enthalten sind, die in klinischen Studien oder Umfragen verloren gegangen sind. Des weiteren bieten sie den Vorteil, dass sie in wenigen Tagen geschrieben und veröffentlicht werden können. So haben sie, im Gegensatz zu Meta-Analysen und klinischen Studien, immer eine gewisse Aktualität inne. Von besonderer Bedeutung war der Fallbericht von einem Arzt, der bemerkte, dass zwei Neugeborenen in seiner Klinik die Gliedmaßen fehlten. Er konnte dies auf das neuartige Medikament Thalidomid zurückführen. Aufgrund der schnellen Publikation gelang die weltweite Verbreitung sehr schnell und es konnten somit weitere schlimme Folgeschäden für Neugeborene verhindert werden (vgl. FISCHER, BARTENS 1999: 121).

4.5 Diskussion

Um den Charakter, den konkreten Nutzen sowie die Grenzen von EBM zu durchleuchten, sollen im Folgenden kurz die Möglichkeiten und Kritikpunkte an diesem neuen medizinischen Vorgehen zusammengefasst werden.

Dazu möchte ich einleitend die Konfliktlinien innerhalb des Diskurses um EBM klar aufzeigen.

Während Befürworter der EBM in dieser Vorgehensweise „das notwendige Instrument für die Umsetzung ihres Postulats nach einer wissenschaftlich fundierten Medizin sehen, glauben die Gegner der EBM eine Gefahr für die Freiheit ärztlicher Berufsausübung zu erkennen" (PORTWICH 2005: 319).

4.5.1   Möglichkeiten der Evidenz-basierten Medizin

Durch EBM wird versucht, eine bessere Patientenversorgung durch wissenschaftlich fundierte Ergebnisse in Forschung und Praxis zu erreichen.

Alte Hierarchien (die dem medizinischen Fortschritt entgegenwirken) könnten aufgelöst werden (vgl. FISCHER, BARTENS 1999: 17).

Ärzte und Kliniker hätten die Möglichkeit ein kritisches Verhalten ihrer eigenen Arbeit gegenüber zu entwickeln, da ärztliche Fortbildung einen noch höheren Stellenwert bekäme. Allgemein könnte ärztliches Handeln mehr an wissenschaftlich fundierte Variablen geknüpft werden, womit auch eine gewisse Transparenz ärztlichen Handelns gewährleistet wäre. Man könnte nachvollziehen, ob bestimmte Behandlungen im Sinne der höchsten Evidenz gemacht wurden, oder ob im Negativfall ungeprüfte Methoden zur Behandlung benutzt wurden (vgl. PORTWICH 2005: 321).

Kosten würden unter Umständen eingespart werden, da Ressourcen geschont werden könnten.

Neue Techniken und Methoden brauchen lange, bis sie von breiten gesellschaftlichen Schichten adaptiert werden. Durch EBM kann dieser Prozess im medizinischen Bereich beschleunigt werden (vgl. LEIDEL 1999: 85).

Durch die hohe wissenschaftliche Qualität von EBM Leitlinien entfällt der aufwendige Diskussionsweg über die Qualität einer bestimmten Behandlung. Ein Konsens kann schneller gefunden werden und das Verhalten ganzer Berufsgruppen im Gesundheitswesen kann sich verändern. Also eine Steigerung der Effizienz durch die Identifizierung und Unterlassung wenig nützlicher Maßnahmen (vgl. PORTWICH 2005: 321).

4.5.2   Grenzen der Evidenz-basierten Medizin

„Natürlich kann eine Bewegung wie die EBM nicht unangefochten bleiben, die nichts Geringeres fordert, als nicht den „alten Autoritäten" zu vertrauen und sich – wo immer möglich – an das objektiv Erwiesene zu halten" (PERLETH, RASPE 2002: 123).

Im Folgenden werde ich besonders auf die Kritik von Dr. med. PHILIPP PORTWICH eingehen.

Die Probleme fallen schon bei dem Begriff der Evidenz auf. Wenn ein bestimmter Sachverhalt evidenzbasiert ist, gilt dies als bewiesen. Das einseitige Befolgen und unkritische Übernehmen von gewissen Sachverhalten kann dazu führen, der Evidenz eine unangemessene Autorität zu geben. So können Entscheidungen erzwungen werden, die unter einer ernsthaften Abwägung von Nutzen und Risiko nach anderen Kriterien anders verlaufen wären (vgl. PORTWICH 2005: 322).[8]

Das Problem der schwer zu greifenden Evidenz wird noch bedeutsamer, wenn man bedenkt, dass nach Empfehlungen der EBM Standards der einzelne Arzt zu den Quellen vorstoßen soll, also selbst Originalstudien studieren soll. Schnell wird deutlich, wie schwer die Bewertung eines Beweises klinischer Studien ist. Zu gleichen Fragen gibt es unterschiedlich Antworten.

„Kürzlich wurde sogar eine große multizentrische Studie publiziert (sog. MAST-1 Studie), bei der innerhalb der Gruppe der verantwortlichen Autoren keine einheitliche Bewertung zustande kam" (KÖBBERLING 1999: 267). Ein unbefriedigt wirkendes Ergebnis für einen suchenden Arzt. In einer weiteren Arbeit wurde gezeigt, dass die

---

8.   In einem Heft des New England Journal of Medicine wurden zwei Studien mit widersprüchlicher Evidenz veröffentlicht. Eine Gruppe Kardiologen hatte eine Evidenz vorgelegt, dass die primäre Angioplastie beim akuten Myokardinfarkt der thrombolytischen Therapie überlegen sei. Eine andere Gruppe dagegen legte eine Evidenz für gegenteiliges vor. Es kann nicht beides bewiesenermaßen richtig sein. Zumindest können nicht beide Seiten behaupten, dass die EBM-Entscheidungsfindung zu einer verbesserten Patientenversorgung führe.

Bewertung der Ergebnisse medizinischer Studien in hohem Maße von der Art der Darstellung des Zahlenmaterials abhängt.

„Auch wenn der Arzt also meint, selbst bis zu den Quellen vorzudringen, um sich sein eigenes Bild zu machen, ist er in hohem Maße von der ‚Aufarbeitung‘ abhängig" (KÖBBERLING 1999: 267). Es kann schnell zu falschen Interpretationen kommen oder zu einer Überbewertung der Effektivität.

Das Deuten von Studien ist also eine dringende Kompetenz zeitgemäßer Mediziner.

Diese Kompetenz ist erlernbar und zwingend erforderlich, bevor EBM betrieben werden kann. Doch ist die Bereitschaft der Mediziner relativ gering, wie aus der Literatur hervorgeht (vgl. KÖBBERLING 1999: 267).

Auch wenn Metaanalysen und RCTs als Goldstandard gelobt werden, müssen diese kritisch hinterfragt werden (vgl. FISCHER, BARTENS, DIETRICH 1999: 116).

So stellt sich die Frage, bei welcher Studiengröße bzw. bei welcher Zahl gleichartiger Studien ein Ergebnis als Evidenz-basiert angesehen werden kann (vgl. KÖBBERLING 1999: 266).

„Praktiziert ein Arzt, der nach einer ersten positiven Studie ein therapeutisches Verfahren übernimmt, Evidenz-basierte Medizin oder kann eher der Arzt, der seine Entscheidungen aufschiebt, bis mehrere Studien vorliegen, für sich Evidenz-basierte Medizin beanspruchen" (ebd.: 266)?

Die Antwort beinhaltet etwas Subjektives, weil die Evidenz dann ausreichend ist, wenn der kritische Arzt meint, dass dies der Fall sei. Somit ist man bei einem Problem angelangt, welchem EBM eigentlich entgegenwirken wollte, da die subjektive Erfahrungswelt des Mediziners einen Stellenwert bekommt, der sich schwer mit den standardisierten Methoden von EBM verbinden lässt und eben nicht wissenschaftlich belegt werden kann.

Auch dass „System kontrolliert-randomisierte Studie" birgt gewisse Einschränkungen im Allgemeinen, „die die Aussagekraft der Ergebnisse im Sinne ihrer universellen Allgemeingültigkeit limitieren" (PORTWICH 2005: 320).

Die Gläubigkeit, dass pathologische Studiendesigns wie RCTs medizinische „Wirklichkeit" beschreiben, ist in gewisser Weise aber eine einseitige Sicht, da „generell die quantifizierte Methode der Naturwissenschaften nur bedingt geeignet ist, psychopathologische Symptome, wie eine wahnhafte Überzeugung, messend zu erfassen" (ebd.:320).

Die chemische Wirkung verschiedener Medikamente ist zwar definiert, der Wirkungsmechanismus von psychosozialen und psychotherapeutischen Interventionen ist aber ebenso uneinheitlich wie ihre Anwendung, so dass größere Untersuchungen immer ein sehr heterogenes Datenfeld untersuchen, welches den Ansprüchen eines

RCTs nicht gerecht werden, in der gängigen Praxis aber in Kauf genommen wird (vgl. ebd.: 321).

Ein weiteres Problem besteht darin, dass der Patient, der in die Praxis kommt, nicht unbedingt auf die Untersuchungsgruppen eines RCTs übertragbar ist." Oft sind ein höheres Lebensalter wie auch das Vorliegen weiterer komorbider Störungen ein Ausschlusskriterium für die Teilnahme an einer entsprechenden Studie" (ebd.: 320). Somit werden in den Ergebnissen von RCTs ganze Patientengruppen ausgeschlossen, die sich gerade durch einen Behandlungsverlauf auszeichnen (vgl. ebd.).

Ein weiteres generelles methodisches Problem von Metaanalysen ist, dass nur die RCTs aufgenommen werden können, die auch veröffentlicht wurden. RCTs mit negativen Ergebnissen werden aber in der Regel nicht publiziert und können somit von der "scientific community" nicht erfasst werden. Negative Ergebnisse sind jedoch unter Umständen von hoher Bedeutung für den aktuellen Forschungsstand (vgl. ebd.: 321).

Auch zu erwähnen ist der Umstand, dass in den zusammengefassten RCTs bereits falsche Interpretationen geliefert wurden, welche kritiklos in die Metaanalysen mit aufgenommen wurden (vgl. ebd.).

> „All diese Punkte erinnern daran, dass der häufig uneingeschränkte Stolz auf randomisiert-kontrollierte Studien eher mit wissenschaftlicher Naivität zu tun hat als – wie viele Leute annehmen – mit intellektuellen Rigorismus" (FISCHER, BARTENS, DIETRICH 1999: 117).

Ein weiteren Kritikpunkt bildet der Vorwand, Kosten einzusparen. „Es gibt Anleitungen für Manager im Gesundheitswesen, Entscheidungen auf der Basis wissenschaftlicher Evidenz zu treffen" (RASPE, PERLETh 2002: 124).

Noch vor wenigen Jahren wurde wert darauf gelegt, auch volkswirtschaftliche Einflussfaktoren nach den Kriterien der EBM zu beurteilen. Inzwischen mehren sich die Stimmen, die vor einem Missbrauch der EBM warnen. Besonders bei so genannten Allokationsentscheidungen (bei Entscheidungen betreffend der Verteilung von knappen Ressourcen z.B. von Behörden) seien ökonomische Faktoren ein starkes Gewicht und die Patientenversorgung müsse hinten anstehen.

Dieser Kritikpunkt wird aber durch die Tatsache geschwächt, dass unter Umständen durch EBM mehr Kosten entstehen können, wenn z.B. bisher nicht behandelte Patienten aufgrund wissenschaftlicher Evidenz verstärkt behandelt werden. Des weiteren wird, wie oben beschrieben, eine Steigerung der Effizienz erlangt, wodurch Ressourcen frei werden, die zur Finanzierung anderer Leistungen umgeschichtet werden können (vgl. GREENHALGH 2000: 24).

Weiterhin ist zu kritisieren, „dass sich die eigentliche Intention von EBM, nämlich die Erkenntnisse der ‚Basiswissenschaft' klinische Epidemiologie in ein praxistaugliches und anwendernahes Instrumentarium zu verwandeln, paradoxerweise zu einer

Geheimwissenschaft mit einer eigenen, kryptischen Terminologie entwickelt" (RASPE, PERLETH 2002: 124). Diese Entwicklung von neuen Hierarchien ist nicht von der Hand zu weisen. Der eigene Fachterminipool und die Vorherrschaft zahlreicher Anglizismen könnten dieses noch verstärken.

Ein weiteres Problem entsteht, wenn schlicht keine Evidenz vorhanden ist. Die Entscheidungsfindung ist dann auf Interpretation und Expertise angewiesen. Bei einer Vielzahl medizinischer Fragestellungen stößt man an die Grenzen der Evidenz aus methodisch einwandfreien Studien.

„Hier tritt Expertenkonsens in den Vordergrund, der in der Grauzone wissenschaftlicher Erkenntnisse vermitteln muss" (RASPE, PERLETH 2002: 125). Wenn dann noch verschiedene Verfahren miteinander kombiniert werden müssen oder in Konkurrenz zueinander treten, besteht die Gefahr eines „therapeutischen Minimalismus" oder das Problem, sich auf seinen subjektiven Interpretationen zu verlassen.

Aus soziologischer Sicht ist zu kritisieren, dass sich bei der Einschätzung von Krankheiten und Therapien (also auch bei der pathologischen Einschätzung von psychoaktiven Substanzen; Sucht und deren Auswirkung) sich ausschließlich nach klinischen Evidenzen gerichtet wird. Klinische Ergebnisse, z.B. aus Tierversuchen, werden in einen gesellschaftlichen Kontext gestellt. Dadurch kann eine Pathologisierung soziokultureller und multikausaler Faktoren einhergehen, welches die Realität nur in Teilen, jedoch nicht in ihrer Gesamtheit wiedergibt.

Hier wird deutlich, dass trotz der „methodischen Härte" klinischer Evidenz der EBM-Ansatz nicht in allen Bereichen zu einer Verbesserung der medizinischen Versorgung führt. Ob solche strenge Reglements medizinische und psychologische „Wirklichkeit" in ihrer Gesamtheit erfassen können, ist derzeit empirisch noch nicht belegt und muss diskursiv behandelt werden.

5. Forschungsentwicklung und Forschungsstand

Wie schon erwähnt versteht sich die Expertise von PETERSEN und THOMASIUS als eine ergänzende und neu bewertende Weiterentwicklung der Studie von KLEIBER und KO-VAR.

„Dieses Review ermöglicht eine Entscheidung, ob und in welcher Hinsicht die in der einflussreichen Expertise von KLEIBER und Kovar (1998) getroffenen Bewertungen hinsichtlich der Risiken des Cannabiskonsums auf der Basis neuerer Forschung gegebenenfalls zu revidieren oder zu ergänzen sind" (PETERSEN, THOMASIUS 2007: VII).

Des weiteren ist der „Cannabisreport 2002" des MINISTRY OF PUBLIC HEALTH OF BELGIUM als weiterer bedeutender Schritt in der Cannabisforschung anzusehen. „Wie die Gegenüberstellung mit dem Cannabis 2002 Report zeigt, ist bereits wenige Jahre nach Publikation der Expertise von KLEIBER und KOVAR (1998) eine deutliche Weiterentwicklung des Forschungsstandes zu konstatieren" (PETERSEN, THOMASIUS 2007:1).

Also sehen die Autoren ihre Arbeit als eine Weiterführung der genannten bedeutenden und einflussreichen Expertisen.

Um diesen Verlauf transparent zu machen und diese Eckpfeiler der Forschungsentwicklung zum Cannabiskonsum aufzuzeigen, möchte ich im Folgenden diese historisch wichtigen „Stationen" der Cannabisforschung aufzeigen und kurz erläutern.

Um den Diskurs verstehen zu können und die durchaus existenten Konfliktlinien deutlich zu machen, die eine objektive Bewertung und Auseinandersetzung erschweren, ist es wichtig, die Entwicklung des gesellschaftlichen Umgangs mit Cannabis aufzuzeigen.

Seit den 1970er bis in die 1990er Jahre war der gesamtgesellschaftliche Umgang mit Cannabis durch abstinenzorientierte Meinungen geprägt. Repression und Dramatisierungsszenarien bestimmten die öffentliche Diskussion (vgl. SCHNEIDER 2000: 5). Beispielsweise der Slogan im Rahmen einer Präventionskampagne der Kriminalpolizei von 1971, "Rauschgift – Du machst Dich kaputt ! Der Dealer macht Kasse" (vgl. GASSMANN 2005: 99), lassen erahnen, in welchen Rahmenbedingungen der Diskurs geführt wurde.

Nach jahrelanger Stagnation des Cannabisdiskurses trat in Deutschland mit den diesbezüglichen Gerichtsurteilen von 1994 eine Veränderung ein (vgl. ebd.: 97).

Ein Dealer der insgesamt 15 kg Marihuanaprodukte veräußert haben soll, wurde nicht, wie von der 1. kleinen Strafkammer Lübeck gefordert, zu drei Jahren Haft verurteilt, sondern er wurde von der Berufungskammer des Landesgerichts Lübeck zu 1 Jahr und zwei Monate auf Bewährung verurteilt.

Dies wurde damit begründet, dass „ der auch nur einigermaßen geordnete Gebrauch von Cannabis faktisch frei von Bedenken ist" (SCHNEIDER 1996: 204). Norbert Geis von der CDU/CSU-Fraktion propagierte am 20.10.1994 daraufhin „Linke Richter in Lübeck missbrauchen ihre richterliche Unabhängigkeit zu einem drogenpolitischen Amoklauf" (vgl. ebd: 205). Diese und ähnliche unsachliche Äußerungen auf der einen Seite, unreflektierte Legalisierungsrufe auf der anderen Seite (Hanf wird Siegen – Legalisieren /vgl. Bündnis 90 – Die Grünen) bestimmten die weitere Diskussion.

Auch verschiedene Gutachten zu den möglichen Auswirkungen des Cannabiskonsums gaben kein einheitliches Bild. Das 1992 verfasste Gutachten „Stand der Cannabisforschung" (im Auftrag des Landes NRW, durchgeführt vom Institut für Sozialmedizinische Forschung, BOSOFO e.V.), kommt zu dem Schluss, dass die Gefahren, die von der Droge ausgehen, als relativ gering einzuschätzen sind.

Die „Expertise zur Liberalisierung des Umgangs mit illegalen Drogen" vom Institut für Therapieforschung (IFT/BÜHRINGER 1993) kam zu einer kritischen Beurteilung, und betont die Gefahren einer psychischen Abhängigkeit, die Möglichkeit einer Psychosenauslösung und forcierten die Entwicklung des so genannten amotivationalen Syndroms[9] etc. (vgl. KLEIBER, KOVAR 1996: 6).

Dadurch wird deutlich, „daß auch noch in den 90er Jahren der Wissenstand zur Wirkung und Konsequenzen des Cannabiskonsums alles andere als eindeutig ist" (ebd.: 13). Weiterhin ist festzustellen, dass

> „die Diskussion über mögliche Gesundheitsschäden in Folge eines Cannabiskonsums
> seit Jahrzehnten derart emotionsgeladen ist, daß viele Untersuchungen auf diesem Ge-
> biet durch die vorgefasste Meinung der Forscher vorbelastet sind und die Beurteilung
> der Ergebnisse nicht immer mit der nötigen Sachlichkeit und Objektivität erfolgt"
> (ebd.: 53).

Um diesem entgegenzutreten wurden vom Bundesministerium für Gesundheit (BMG) DIETER KLEIBER und KARL-ARTUR KOVAR beauftragt, eine Expertise zu den pharmakologischen und psychosozialen Konsequenzen von Cannabiskonsum zu erstellen und zu einer objektiven, wertneutralen Einschätzung von Cannabiskonsum zu gelangen.

Im Folgenden sollen die zwei oben genannten Expertisen, KLEIBER und KOVAR „Risiken des Cannabiskonsums" und der „Cannabis 2002 Report" des MINISTRY OF PUBLIC HEALTH OF BELGIUM, die immer wieder im drogenpolitischen Diskurs angeführt

---

9.   Das so genannte amotivationale Syndrom bei Cannabiskonsumenten wurde 1968 von McGLOTHLIN/
      WEST in die internationale Drogendiskussion eingeführt. Darunter wird durch Teilnahmslosigkeit,
      Passivität und das Gefühl des Wohlbefindens trotz objektiv vorliegender Krankheitserscheinungen
      gekennzeichnetes Zustandsbild, das im Gefolge des Cannabiskonsums nach längerer oder kürzerer
      Zeit eintritt (vgl. SCHNEIDER 1995: 54)

werden, kurz vorgestellt und gegenübergestellt werden, um dann auf die aktuelle Expertise von PETERSEN und THOMASIUS einzugehen.

Ich werde dies in einer tabellarischen Gegenüberstellung tun. Als Vorlage dient mir die Tabelle aus der Expertise von Petersen und Thomasius (PETERSEN, THOMASIUS 2007: Tabelle 1: 1,2 und Tabelle 32: 160). Diese werde ich aber nochmals überarbeiten, um eventuelle nicht beachtete Fakten zu ergänzen.

Tabelle 7: Vergleich zentraler Ergebnisse von KLEIBER und KOVAR mit dem Cannabis Report MINISTRY OF PUBLIC HEALTH OF BELGIEN (2002) (vgl. PETERSEN, THOMASIUS 2007: 1)

KLEIBER und KOVAR (1998)	Cannabis 2002 Report
1. Die kognitiven und psychomotorischen Beeinträchtigungen durch akuten Cannabiskonsum sind als im Rahmen von Stunden reversibel anzusehen. Die Fahrtauglichkeit ist bis zu 24 Stunden eingeschränkt (vgl. KLEIBER, KOVAR 1998: 1).	Die kognitive und psychomotorischen Beeinträchtigungen sind reversibel im Verlauf von 28 Tagen (PETERSEN, THOMASIUS 2007: 1). "There is no indication that past use of THC alone affects crash risks, but there is growing evidence that recent use of THC increases the risk of culpability for motor vehicles accident compared to drug free drivers, particular at higher concentration" (Cannabisreport 2002: 80).
„Belege für eine Verschlechterung der psychischen Gesundheit in der Folge von Cannabiskonsum sind nicht zu finden" (ebd: 2).	„Zusammenhänge mit depressiven Störungen und Angststörungen sind nahe liegend, zu dieser Frage besteht weiterer Forschungsbedarf" (PETERSEN,THOMASIUS: 2007: 1) "Cannabis use is statistically related to mood disorders such as depressive, dysthemic or bipolar disorders, but the question of which comes first remains unanswered" (Cannabisreport 2002 :7).
Die Abhängigkeit von Cannabis kann nicht primär aus den pharmakologischen Wirkungen der Droge, sondern vielmehr aus vorab bestehenden psychischen Stimmungen und Problemen erklärt werden (ebd.: 2).	Im Zusammenhang mit Cannabisabängigkeit sind Entzugssymptome und Toleranzentwicklung beschrieben (PETERSEN, THOMASIUS 2007: 2) "Cannabis dependence does occur in human subjects, but the addictive potential of cannabis is considered to be weaker than that of many other drugs, including alcohol and tobacco. Dependence rarely seems to develop in the usual patterns of social use when does are small or infrequent and the exposure to the drug is of limited duration" (Cannabisreport 2002: 63).
Es gibt keinen gesicherten Nachweis einer Hirnschädigung (ebd.: 77).	„Kein Analogen" (PETERSEN, THOMASIUS 2007: 1). Identische Aussage.
Die These, Cannabiskonsum führte mit einer gewissen Regelmäßigkeit zu einem amotivationalen Syndrom, kann nicht belegt werden (ebd.: 3).	„Identische Aussage" (ebd.).

Der Einfluss von Cannabiskonsum auf die Entstehung und den Verlauf von Psychosen ist zurzeit noch nicht abschließend zu beurteilen (ebd.: 245).	„Identische Aussage, kontroverse Diskussion" (ebd.).
„Die These Cannabiskonsum hätte eine Schrittmacherfunktion für den Einstieg in den Konsum von weiteren oder härteren illegalen Drogen, ist zurückzuweisen" (ebd.: 2).	„Auf der Basis tierexperimenteller Studien liegen neuere Befunde vor, die zu diskutieren sind" (ebd.). "Several animal studies have suggested links between the opiate and cannabinoid sytems. However there is insufficient evidence at present to justify the conclusion that cannabis acts as a gateway to other, more harmful substances" (Cannabisreport 2002:37)
„Unter den medizinischen Anwendungsgebieten von Cannabinoiden sind die antiemetische, bronchodialtorisch und den Augeninnendruck senkende Wirkung gut belegt" (ebd.: 247).	„Eine Reihe potenzieller medizinischer Anwendungsgebiete wird gesehen, es gibt jedoch zu wenige und methodisch zu schwache klinische Studien" (ebd.).
Insgesamt erweisen sich pharmakologische Wirkungen und psychosoziale Konsequenzen des Cannabiskonsums als weniger riskant als weithin angenommen (ebd.: 1)	Es bestehen Risiken für chronische Störungen im kardiovaskulären und respiratorischen System (ebd.). "Moreover, humans often consume cannabis in conjunction with other substances mainly tobacco" (Cannabisreport 2002: 48) Zu den pschosozialen Folgen wird allgemein gesagt: "However, there is no answer to the question „of which "come first; the research findings support hypotheses pointing in several different directions" (ebd.: 58).

Bleibt festzuhalten, dass eine dramatisierende Sprache zur Beschreibung der Konsequenzen von Cannabiskonsum herangezogen wird, die beim Leser eine beunruhigende und einschlägige Meinung forcieren kann.

Dies wird nochmals deutlich, wenn man die Expertise von PETERSEN und THOMASIUS mit dem Essay von KLEIBER vergleicht. Dieses Essay kann als aktualisierte Form der Hauptthesen der Studien von 1998 von KLEIBER und KOVAR gesehen werden. Dieses Essay stammt aus dem Jahr 2005 und soll im Folgenden ebenfalls in tabellarischer Form mit den Hauptaussagen von PETERSEN und THOMASIUS verglichen werden.

Ich werde mich auf die Tabelle von PETERSEN und THOMASIUS beziehen. In ihr wurden die Aussagen der Expertise von KLEIBER und KOVAR von 1998 mit den Ergebnissen des Reviews von PETERSEN und THOMASIUS verglichen (vgl. PETERSEN, THOMASIUS 2007: 160: Tabelle 32).

Wie schon erwähnt, werde ich wegen der zeitliche Nähe und dem damit nahezu konvergenten Forschungsstand nicht die Studie von KLEIBER und KOVAR (1998) als

Vergleichsparadigma verwenden, sondern den eben genannten Essay von Kleiber 2005.

Tabelle 8: Vergleich zentraler Ergebnisse von Kleiber (2005) mit der Expertise von Petersen und Thomasius (2007) (vgl. ebd.: 160)

Kleiber (2005)	Petersen, Thomasius (2007)
„Kognitive Einschränkungen wurden insbesondere bei Personen beobachtet, die über einen längeren Zeitraum (meist mehrere Jahre) sehr häufig (täglich) Cannabis konsumiert haben. Dies kann jedoch bereits ohne Rückgriffe auf vermeintlich pharmakologische Effekte nachvollzogen werden: Chronisch konsumierende Personen versetzten sich- nämlich gegebenenfalls mehrmals täglich- in eine Situation, in der sie akut lern- und leistungseingeschränkt sind. Geschieht dies über mehrere Jahre, so sind im Ergebnis Entwicklungsverzögerungen wahrscheinlich, die gegebenenfalls schwer aufholbar sind, weil Institutionen wie Schule und Ausbildungsbetriebe hierauf keine Rücksicht nehmen" (Kleiber 2005: 12) „Die Fahrtauglichkeit ist bis zu 24 Stunden reversibel" (Kleiber, Kovar 1998: 1)	Bei regelmäßigem, intensiven Cannabiskonsum können Beeinträchtigungen im Bereich des Lernens und des Gedächtnisses auftreten, die in der Regel kein dauerhaftes klinische bedeutsames Ausmaß annehmen, die jedoch noch Tage nach der akuten Intoxikation persistieren. Eine Rückbildung der Beeinträchtigung ist im Rahmen von Wochen der Abstinenz wahrscheinlich (Petersen, Thomasius 2007: 160). Identische Aussage zur Fahrtauglichkeit.
„Der Konsum von Cannabis ist im Allgemeinen nicht mit einer Verschlechterung der psychischen Gesundheit beziehungsweise des psychischen Wohlbefindens verbunden" (Kleiber 2005:1). Es wird erwähnt: „dass verstärkter Cannabiskonsum jedoch auch mit depressiven Reaktionen, größeren Delinquenzproblemen und Aufmerksamkeitsproblemen einherging [...] Die querschnitllich erhobenen Daten lassen aber keinen Schluss auf Kausalität zu" (ebd.:10). Weiterhin wird dem Cannabiskonsum in der Adoleszenz auch eine stabilisierende Rolle zugewiesen. Vor allem der Probier- und Experimentalkonsum von Cannabis kann als „aktiver Versuch verstanden werden, alterstypische Entwicklungsaufgaben und Probleme zu bewältigen" (ebd.:10)	Cannabiskonsumenten weisen ein erhöhtes Risiko für depressive Symptome und Suizidalität auf (ebd.) Doch wird im Text erwähnt: „Hinsichtlich der Kausalität von Cannabiskonsum sind derzeit keine Aussagen möglich" (ebd.: 152).

Dass die Möglichkeit besteht, infolge eines (fast) täglichen Cannabiskonsums eine vor allem psychische Abhängigkeit auszubilden, wird überwiegend als gesichert angenommen. Doch wird ergänzend gesagt, dass Studien zu diesem Thema kommen meistens aus dem psychiatrischen Bereich kommen - damit sind die zugrunde liegenden Stichproben auf psychische Merkmale eine systematisch verzerrte Auswahl. Reine Cannabiseffekte, die ohne jeden zusätzlichen Konsum anderer illegaler Substanzen auftreten, werden nahezu gar nicht analysiert. Eine reine Cannabisabhängigkeit sei in der ausgedehnten westlichen Literatur aus dem westlichen Kulturkreis nicht belegt (vgl. ebd.: 14).	Im Zusammenhang mit längerfristigem intensiven Cannabiskonsum entstehen häufig Abhängigkeitssyndrome, die auch die körperlichen Symptome der Toleranzentwicklung und Entzugssymptome umfassen (vgl. ebd.).
Es gibt kein gesicherten Nachweis einer Hirnschädigung (KLEIBER, KOVAR 1998: 77)	Identische Aussage
Die These, dass Cannabiskonsum" nach längerer oder kürzerer Zeit zu Demotivationserscheinungen führt, muss zurückgewiesen werden (KLEIBER 2005: 14). Dennoch wird weiterhin kontrovers diskutiert, ob Cannabiskonsum ein Amotivationssyndrom befördert. Dies geschieht ungeachtet der Tatsache, dass ein Amotivationssyndrom bisher weder klar definiert wurde noch die zentralen Wesensmerkmale des vermuteten Amotivationssyndroms von den Effekten einer akuten Intoxikation getrennt werden (ebd.:. 15)	Die Expertise hält für die Existenz eines amotivationalen Syndroms für nicht belegt (ebd. 152).
Die Forschungslage zur Frage, ob Cannabis eine Ursache für das Auftreten von Schizophrenien ist. Das Cannabiskonsum das Risiko erhöht bei psychotisch vorbelasteter Personen an Schizophrenie zu erkranken, ist weiterhin als uneindeutig zu bezeichnen. Die Tatsache jedoch, dass es keinerlei Hinweise darauf gibt, dass die Indizraten der Schizophrenie in Kulturen mit unterschiedlichen Cannabiskonsumraten variieren, liefert einen starken Hinweis darauf dass die Verursachungshypothese (Cannabiskonsum verursacht das Auftreten schizophrener Psychosen) zurückzuweisen ist.	Cannabiskonsum führt bei vulnerablen Personen zu einer frühen Manifestation der schizophrenen Symptomatik. Der Cannabiskonsum Schizophrener hat ungünstige Effekte auf den Verlauf der Krankheit.

Die These (Einstiegs- oder Schrittmacherthese) wird aufgrund fehlender Evidenzen verworfen. Thomasius zieht den Schluss (wie viele vor ihm z.b. DENNIS KANDEL (1975) formulierte die Gateway-Hypothese*) dass der größte Teil der Konsumenten harter Drogen in frühere Zeit Cannabis konsumiert haben (vgl. PETERSEN, THOMASIUS 2007: 150). Also die erste illegale konsumierte Substanz war Cannabis. Deswegen habe Cannabis eine Schrittmacherfunktion. Aber in allen epidemiologischen Studien, die seit den 70er Jahren durchgeführt wurden, zeigte sich, dass von allen Drogenerfahrenen fast jeder Cannabis, aber nur ein geringer Teil jemals Opiate konsumierte. Hinzu kommt, dass Prävalenzanstiege von Cannabis wieder unmittelbar noch zeitverschoben mit Konsumanstiegen von Opiaten/Heroin einhergehen. Dies allerdings müsste zwingend gefunden werden, wenn ersteres letzteres bedingen soll (vgl. KLEIBER 2005: 10).	Cannabiskonsumenten weisen insbesondere bei frühen Konsum ein erhöhtes Risiko für den Konsum weiterer illegaler Drogen auf (ebd.: 152) Zu den diskutierten Erklärungsmodellen gehört die unwiderlegte These einer pharmakologischen Schrittmacherfunktion ebenso wie alternative Modelle (ebd.:160).
Unter den medizinischen Anwendungen von Cannbinoiden sind die antimetische, bronchodilatorische und den Augeninnendruck senkende Wirkung gut belegt (KLEIBER, KOVAR 1998: 24)	Medizinische Anwendungen sind nicht Gegenstand der Expertise (ebd.)
Es ist festzuhalten, dass die Risiken von Cannabiskonsum weniger dramatisch und weniger gefährlich ausfallen, als bei Ausformulierung der heute verbindlichen Rechtslage angenommen wird. Die Risiken konzentrieren sich überwiegend bei einer durch die Wissenschaft noch weiter zu untersuchenden prävulnerablen Teilgruppe von etwa ein bis zwei Prozent aller Konsument/innen, bei denen in der Tat einen Abhängigkeitsrisiko, gegebenenfalls der Ausbruch latent vorhandener Schizophrenie und beim chronischen Gebrauch Entwicklungsverzögerungen zu befürchten sind (vgl. KLEIBER 2005:16)	Insgesamt erweisen sich die Risiken des Cannabiskonsums insbesondere bei regelmäßigem Konsum vor den 16. Lebensjahr als größer als bisher angenommen (ebd.).

* Gateway-Hypothese: KANDEL beschreibt den Verlauf von Drogengebrauchsmustern. Innerhalb der Entwicklungsstadien von Drogenmissbrauch habe Cannabis auch eine Schrittmacherfunktion, wodurch quasi zwangsläufig der Cannabiskonsum zum Konsum härterer psychoaktiver Substanzen führen würde (vgl. KANDEL 1975: 913).

Hiermit sollten die Hauptthesen und Argumente der bedeutendsten Expertisen zu Cannabis kurz aufgezeigt werden, um den Leser einen Einblick in den Forschungsverlauf zu geben und die vorhandenen Konfliktlinien aufzuzeigen.

Es ist festzustellen, dass sich das Essay von KLEIBER auf eine vielschichtigere Weise dem Thema nähert und sich nicht auf pharmakologische und medizinische Teilbereiche beschränkt. Es bleibt zu bezweifeln, ob ein rein pharmakologischer Erklärungsansatz, der in der Expertise von PETERSEN und THOMASIUS forciert worden ist, das multikausale Themenfeld Cannabiskonsum in seiner Gesamtheit vollständig beschreiben kann. Die Frage nach sozialen Hintergründen, die gesamtgesellschaftliche Einbettung von Drogengebrauch, die Rolle der Institution mit einzubeziehen, wie dies KLEIBER tut, könnte einer Analyse des Phänomens Cannabiskonsum eher gerecht werden. Gerade dieses Themenfeld wird noch eingehend in der kritischen Analyse bearbeitet.

6. Kritische Analyse

Es hat häufig den Anschein, dass wissenssoziologische Lehren und Theorien nicht oft in Forschungsprojekte mit einfließen, oder vielmehr die Autoren haben sich offensichtlich nicht genügend mit Fragen der Wissenschaft und Belegbarkeit im generellen beschäftigt.

Man bekommt den Eindruck, dass absolute Aussagen wie „signifikant, valide, evident etc." inflationär gebraucht werden. Die Methoden, Fragestellungen und Wahrnehmungsapparate, Wahrnehmung, Wirklichkeit und Realität an sich sind selten Fokus der Kritik (vgl. RIEGEL 1974: 11).

Dies ist von elementarer Bedeutung, denn nach wie vor gilt die positivistische Auffassung, dass der vernunftbegabte, erkenntnisfähige Organismus in eine bereits strukturierte Welt geboren wird und es darum zur Aufgabe des erkennenden Menschen wird, Struktur und Gesetzmäßigkeiten jener von ihm ausgelagerten Welt zu „erkennen" (vgl. GLASERFELD 2003: 13).

Ist der Mensch nun Entdecker, so soll sein unermüdliches Suchen und Denken doch allmählich zu einer Annäherung an ein wahres Weltbild führen (vgl. ebd.).

Doch wie BERGER und LUCKMANN erläutert haben ist diesem nicht haltlos zuzustimmen.

> „Es gibt viele Wirklichkeiten. Wirklichkeit ist immer eine Interpretation des Bewusstseins. Bewusstsein ist immer intentional. Es hat immer etwas „im Sinn" und ist auf Objekte gerichtet. Wir können aber niemals Bewusstsein als solches erreichen, sondern nur Bewusstsein von etwas haben" (vgl. BERGER, LUCKMANN 1974: 23).

Auf Wissenschaft bezogen ist dieses natürlich von existenzieller Bedeutung. Im Folgenden möchte ich einige Überlegungen zu dem System Wissenschaft aus (radikal) konstruktivistischer Sicht an Hand dieser Konfliktlinien veranschlagen, um dann zu einer Kritik der Studie von PETERSEN und THOMASIUS zu kommen.

Gerade diese Kernfrage ist von Bedeutung. Um sich klar zu machen, dass auch die Autorität des Erkenntnisweges unserer Zeit, die Wissenschaft, etwas Konstruiertes, jenseits der Objektivität sich entwickelndes Wertsystem ist, muss man sich bewusst machen, auf welchem „gesellschaftlichen Grundgerüst", auf welchen „gesellschaftlichen Funktionen" dieses Teilsystem funktioniert. Wie das Wesen dessen ist, aus welchem sich Wissenschaft konstituiert.

6.1 Wissenschaft und Konstruktivismus

Das System Wissenschaft ist natürlich geprägt durch unsere westliche Kultur und die durch die Soziogenese vermittelten Wissensbestände. Für uns oft alltäglich und unreflektiert in Anspruch genommen, sollte man sich bei der kritischen Untersuchung von Forschungsergebnissen Gedanken über die Frage machen: Was ist Wissen bzw. Erkenntnis und wie resultiert daraus Wahrheit, Wirklichkeit und Realität?

> „Erkennen ist das Hauptanliegen aller Wissenschaftler, Erkenntnis das Basiskonzept der gesamten Wissenschaft. Es handelt sich um die spezifische Leistung des homo sapiens, die das Kriterium für alle übrigen Leistungen liefert, die ihr zu- oder nach- oder untergeordnet werden können – Beobachten, Analysieren, Begründen, Verallgemeinern, Reflektieren, Strukturieren, Schlussfolgern, Urteilen etc.. Dahinter steht der uralte faustische Wunsch zu erkennen – was die Welt im innersten Zusammenhält" (HEUERMANN 2000: 17).

Doch schließt sich daran die Frage an, inwiefern es möglich ist, dass der Mensch, der als erkennendes Subjekt selbst der Vielfalt, dem Wandel und dem Einmaligen in der realen Welt unterliegt, imstande ist, durch das raumzeitlich Gegebene hindurch dasjenige zu erfassen, das objektiv besteht, ohne bloßes Spiegelbild der existierenden Vielfalt im Bewusstsein zu sein (vgl. ebd.: 18).

6.2 Zu den Begriffen der Wahrnehmung, Wissen, Wahrheit

Forschungsergebnisse der Neurophysiologie deuten darauf hin, dass der Mensch seine Welt kognitiv konstruiert (vgl. SINGER 2004: 108). Wir sind durch unsere Sinnesorgane an die Welt gebunden („die Tore des Gehirns zur Welt", vgl. ROTH 1996: 232). Durch sie werden Informationen aufgenommen und ans Gehirn weitergeleitet und werden so zur adäquaten Wahrnehmung. Doch dieser Vorgang wird in spezifisch sensorischen Hirnregionen Bild gebend.

> „So sehen wir nicht mit dem Auge, sondern mit, oder besser in den visuellen Zentren des Gehirns [...] Wahrnehmung ist demnach Bedeutungszuweisung zu an sich bedeutungsfreien neuronalen Prozessen, ist Konstruktion und Interpretation" (SCHMIDT 1997: 14; ROTH 1997: 234).

Das bedeutet, dass z.B. Geräusche und Farben nicht in der realen Welt enthalten sind, sondern die Schallwellen und elektromagnetischen Wellen erst im Gehirn als solche interpretiert werden.

> „Die Sinnempfindungen entstehen hinsichtlich ihrer Modalität und Qualität im Gehirn aufgrund einer Bedeutungszuweisung nach topologischen Kriterien. Diese

Kriterien sind teils angeboren, als neuroanatomische Grobverdrahtung des Gehirns, teils werden sie ontogenetisch erworben" (ROTH 1997: 235).

Wenn Wahrnehmung also eine subjektive Interpretation ist, dann ist Wissen, „als eine interne Erzeugung, als eine Konstruktion aufgefasst und nicht als eine Erkenntnis, die von außen in irgendeiner Art und Weise in uns dringt, da wir nie mit der Wirklichkeit an sich umgehen, sondern immer mit unserer eigenen, subjektiven Erfahrungswirklichkeit. Die Welt, in der wir leben ist in keinster Weise außerhalb, das heißt unabhängig von uns, denn wir erschaffen sie gemeinsam im Prozess des Erkennens, im Wahrnehmungsprozess und im Verwandeln der Erkenntnis in Sprache" (TOMASCHEK 2003: 16).

Daraus folgt, dass der wahrnehmende Organismus das, was er für wahr hält, niemals mit der Realität an sich vergleichen können wird, da er nie aus sich herauskommen wird und seine Gedanken, Vorstellungen, Aussagen et cetera immer ein Produkt seiner selbst sind, festgelegt in einem Bereich seines Nervensystems, seines Körpers.

Aus dem Gesagten kann man dann wiederum schlussfolgern:

„Der Organismus nimmt mittels seines kognitiven Bereiches etwas wahr, hält es für wahr, hält es ganz berechtigterweise, für sich für- wahr" (ebd.: 43).

Bleibt festzuhalten:
– Im radikalen Konstruktivismus ist Wahrheit rein subjektiv. Jeder Beobachter konstruiert, aus seinem Wahrnehmungssystem heraus, seine eigene subjektimmanente Wahrheit (vgl. ebd.: 41)
– Somit gibt es keine Wahrheit und Objektivität, im Sinne des objektiven Seins.

6.3 Realität und Wirklichkeit

Wenn es also keine Wahrheit gibt (im Sinne des objektiven Seins oder der Wirklichkeit als Ganzes), wie kann es dann überhaupt Wirklichkeit oder Realität geben?

An dieser Stelle ist es wichtig, den definitorischen Unterschied zwischen Realität und Wirklichkeit zu benennen, da in Alltagssituationen beide Begriffe synonym verwendet werden.

„Im Gegensatz zum Begriff der phänomenalen, menschlichen Wirklichkeit bezeichnet der Begriff der Realität die subjektunabhängige Welt. Die so genannte Wirklichkeit ist aus dieser Sicht ein Phänomen" (ALBRECHT 2005: 6).

Somit ist die individuelle Wirklichkeit aus radikal konstruktivistischer Sicht ein subjektives Konstrukt.

Unser Gehirn konstruiert die gesamte Welt, in der wir leben. Daraus folgt, dass nichts von wirklicher Existenz ist, auch nicht das wahrnehmende Gehirn, das wir in unserer Welt wahrnehmen, welches wieder eine phänomenale Welt produziert. Somit hieße objektiv erkennen ein Objekt so zu kennen, wie es wäre, bevor es im Erfahrungsbereich eines erkennenden Subjekts erscheint (vgl. HEUERMANN 2000: 28). Um diese Schachtelung aufzulösen, muss eine *Realität angenommen* werden, „zu der der Mensch keinen Zugang hat, über die wir nur sagen können, es gebe vermutlich Tiere, Bäume und Häuser. *Ganz sicher* leben wir in einer *phänomenalen Welt* und in dieser Welt kommen andere Menschen, Tiere und Gehirne, die von Hirnforschern untersucht werden können, vor" (ALBRECHT 2005: 42. Hervorhebung vom Verfasser).

Bleibt festzuhalten:
– Realität kann nur angenommen werden.
– Die phänomenale Welt ist aus konstruktivistischer Sicht Wirklichkeit.
– Daraus folgt, dass es nicht nur eine Wirklichkeit gibt.

An dieser Stelle ist wichtig zu erwähnen, dass auch die Konstruktivisten die Faktizität des Wissens nicht per se verurteilen. Ernst von Glaserfeld hat es trefflich ausgedrückt:

„Ich will dieses Wissen, das wir da von Tag zu Tag vermehren, keineswegs herabsetzen. Ich bin ihm nicht nur zugetan, sondern ganz und gar verschrieben. Es ist ein wertvolles, bewundernswertes, zuweilen sogar lebenswichtiges Wissen – doch es ist ein Wissen *wie* und nicht das Wissen *was*, das die Erkenntnistheorien der Philosophie seit jeher zu erfassen suchten" (GLASERFELD 2003: 13).

6.4 Soziale Systeme

Wenn alle Organismen nur individuell geschlossene Sinnsysteme sind[10], wie ist dann ein gesellschaftlicher Ablauf überhaupt möglich? Es hat den Anschein, dass das individuelle Leben und das soziale als widersprüchliche Bedingung unserer Existenz aufzufassen sind (vgl. MATURANA 1987: 287). Wie kann ich zu anderen Sinnwelten vorstoßen, für mich erklären und gegebenenfalls mein Handeln danach ausrichten? Dies sind notwendige Voraussetzungen, um in einer Gemeinschaft zu leben.

PETER M. HEIL stellt dazu die menschliche Evolution in einen richtigen Kontext, der diese Frage berührt.

Er bringt dazu ein Beispiel, welches die Problematik veranschaulicht. Der optische Nerv eines Frosches, der den optischen Eingang zum Gehirn bildet, besteht aus ca. 500 000 Nervenfasern, während der optische Nerv des Menschen aus ca. 1 Million

---

10. Den Begriff der Autopoiesis und operationaler Geschlossenheit, selbst organisierend, selbsreferentiell, hier zu erläutern wurde über den Rahmen der Arbeit hinaus gehen. Für den soziologisch nicht geschulten aber dennoch thematisch interessierten Leser sind die Arbeiten von HUMBERTO MATURANA und NIKLAS LUHMANN zur Systemtheorie zu empfehlen.

besteht. Das Gehirn eines Frosches besteht aus einigen Millionen Nervenzellen, das des Menschen zwischen 500 Milliarden und 1 Billion (vgl. HEIL 2003: 120).

Das macht deutlich, „was Spezialisierung auf Anpassung bedeutet: Zunahme und Komplexifizierung der internen Möglichkeiten zur Erzeugung neuer Realitäten" (ebd. 121). Man sollte nun nicht den voreiligen Schluss ziehen, dass dadurch der Input des Gehirns stärker ist, "sondern viel mehr die Steigerung interner Möglichkeiten, unterschiedliche Systemzustände zu verknüpfen oder zu vergleichen" (ebd.).

HEIL kommt zu dem Schluss, dass es in der Entwicklung der Evolution hin zu größerer Gehirnkapazität einen Punkt gegeben hat, von dem an das Gehirnwachstum dazu führte, dass die Erzeugung der Realität und Umwelt zunehmend kontingent wurde (vgl. ebd.: 122).

Daraus erwächst zum einen eine Unsicherheit, denn „ein System, das aufgrund seiner eigenen Komplexität und Aufgrund der Vielfalt innerer Verarbeitungsmöglichkeiten nicht mehr sicher sein kann, welche Realität es aus den wenigen Signalen, die es von außen erhält, konstruieren soll, ist natürlich nicht in der Lage festzulegen, was adäquat heißt mit Bezug auf das Verhalten, auf das es sich festlegen muß, um aktuell handeln und damit sein Überleben sichern zu können" (ebd.: 122). Somit ist Gehirnwachstum als solches eine Gefahr für das sich entwickelnde System.

Zum andern „gewinnt ein lebendes System die Möglichkeit zur Erzeugung neuer Umwelten (was ein Beobachter als Anpassung an eine neue Umwelt beschreiben kann) einen Überlebensvorteil für den Fall, dass es aufgrund von Veränderungen, die nicht seiner Kontrolle unterliegen, nicht mehr in der bis dahin erfolgreichen Weise seine Selbsterhaltung sichern kann" (ebd.:122). Somit Gehirnwachstum als Vorteil.

Die Frage, die sich aus dieser Überlegung ableitet, lautet: Wie ist es möglich, die Vorteile zu nutzen und die Gefahr zu vermeiden?

HEIL ist der Ansicht, dass sich aus diesem Problem heraus die Gesellschaft entwickelt hat.

„Diese ‚Erfindung', sicherlich ein sich über lange Zeiträume erstreckender evolutionärer Prozess, erlaubt nicht nur die Kanalisierung potentiell gefährlicher Wirkungen unser an Kapazität zunehmenden selbst referentiellen Gehirne durch die Erfindung von Mythen, Religionen, Kunst und *schließlich Wissenschaft*, sondern verwandelte auch mögliche Gefahren in Elemente des Zusammenhalts. Durch die Verknüpfung individueller mit sozialer Realitätsdefinition, wobei sozial ausgearbeitete Festlegungen die individuellen in vielen Bereichen weitgehend ersetzt haben, wurde es möglich, biologische Überleben zu sichern und gleichzeitig Bereiche zu erzeugen, in denen die selbstreferentiellen Kapazitäten unserer kognitiven Systeme ihre innovativen Möglichkeiten wirksam werden ließen" (ebd.: 123. Hervorhebung vom Verfasser).

Daraus lässt sich folgern, dass Menschen aus biologischen Gründen sozial leben und biologisch leben können, weil sie sozial sind.

Bleibt Festzuhalten:

- Die individuelle wurde durch eine *soziale* phänomenale Welt ergänzt.
- Es muss also eine allgemeine gültige objektive Welt (oder besser gesagt eine *kollektive Wirklichkeitskonstruktion*) geben.

6.5 Sprache als Aufbau objektiver Wirklichkeit

Diesen Abschnitt werde ich etwas allgemeiner beginnen, um Verständnisprobleme zu umgehen.[11]

Um, wie oben beschrieben, überhaupt soziale Systeme zu gewährleisten, ist es wichtig zu anderen Sinnwelten vorzustoßen, was nur mit dem entsprechenden technischen Werkzeug möglich ist ,welches hier beschrieben werden soll – Kommunikation in Form von Sprache.

In der Regel ist die Sprache (also die Interaktion der Systeme) zweckorientiert (vgl. GLASERFELD 1998: 211). Es wird also mit einer gewissen Absicht gesprochen. Sprechende Menschen wollen eine Geschichte erzählen, einen Befehl geben, eine Beschreibung zum Ausdruck bringen etc. (vgl. TOMASCHEK 2003: 45).

„In all diesen Fällen haben die Sprecher die Re-Präsentation einer mehr oder weniger detaillierten begrifflichen Struktur im Kopf" (GLASERFELD 1998: 211).

Das Problem wurde schon im oberen Teil beschrieben.

„Der Prozeß, Wörter mit sensomotorischen Erfahrungen und den von solchen Erfahrungen abstrahierten Begriffen zu verknüpfen, ist immer eine subjektive Angelegenheit. Kommunikation ist daher kein gradliniger Austausch fixierter Bedeutungen" (ebd.: 212).

Daraus wird deutlich, dass auch die Sprache nur in uns selbst stattfindet. MATURANA macht das deutlich, wenn er sagt:

„Mit Sicherheit können wir dabei nicht übertragen, sondern allenfalls Klänge aussenden und hoffen, dass sie bei anderen die gewünschte Resonanz finden" (MATURANA 1994: 204)

Daraus folgt, dass wir lediglich Signale aussenden, die in einem anderen Organismus wieder verarbeitet (neu konstruiert) werden.

Sprache muss somit im Konstruktivismus als „Tanz" mit den anderen gesehen werden. Wir kommunizieren solange, bis wir Konvergenz, das heißt Übereinstimmung finden.

---

11.   Umfangreichere Stellungnahmen sind bei ERNST VON GLASERFELD und SIEGFRIED J. SCHMIDT zu finden.

„Der menschliche Organismus verwendet die Sprache als ein Mittel seiner Konstruktion, von der Welt, von den Mitmenschen, im Grunde genommen von allem, sogar von
sich selbst, zu bestätigen, in der Form Stabilität zu erreichen" (TOMASCHEK 2003: 55).

Es geht also darum, die eigene konstruierte Welt zu bestätigen oder auch nicht,
mit dem Ziel für sich ansatzweise Objektivität und Wirklichkeit zu erlangen. Banales
Beispiel: Wenn jemand etwas vom einem Baum erzählt, kann ich mir ungefähr vorstellen, wie dieser aussieht.

Daraus folgt:
- Sprache ist eine Form, Verhalten zu koordinieren (vgl. MATURANA 1994: 20).
- Der Hörer, nicht der Sprecher, konstruiert die Bedeutung des Gesagten.
- Durch Konsens der Beteiligten wird eine konstruierte Objektivität geschaffen.
- Durch Kommunikation (in diesem Fall Sprache) ist der Grundstein von Sozialität
  gelegt.
- Im Bereich des Sozialen steht die Konditionierung des Beobachtens durch Sprache bzw. durch Kommunikation und Diskurse im Vordergrund, um Objektivität
  zu konstruieren.
- Aus biologischer Perspektive ist vor allem auf die Ähnlichkeiten in der Konstitu-
  tion der menschlichen Wahrnehmungs- und Verarbeitungsapparate zu verweisen,
  die eine wichtige Voraussetzung für die Konstruktion kollektiver Wirklichkeits-
  vorstellungen bilden (vgl. WEISCHER 2002: 14).

6.6 Gesellschaftliche Erfahrung und Wissenschaft

Es wurde dargestellt, wie trotz operativer Geschlossenheit durch strukturelle Kopp-
lung, autopoietische Systeme ihre Welt erschaffen. Es wird also aus einer subjektiven
eine intersubjektive Welt geschaffen, was für das Subjekt einen objektiven Charakter
innehat, welcher hier Alltagswelt genannt werden soll (vgl. BERGER, LUCKMANN 1974:
25).

Von besonderer Bedeutung ist hier die Erfahrung der beteiligten Organismen. Erfahrung kann immer nur vor dem Hintergrund der Interdependenz phylogenetischer,
soziogenetischer und ontogenetischer Entwicklung des Erfahrenden gesehen werden
(vgl. KRITZ 1981: 16):

phylogenetisch:
- Das, was ich erfahre, ist gebunden an den stammesgeschichtlichen Entwicklungs-
  stand „Mensch" – insbesondere an die spezifischen Sinnesorgane und das zentrale
  Nervensystem.

soziogenetisch:
- Meine Erfahrung ist gebunden an den Entwicklungsstand der Gesellschaft, in der ich sozialisiert worden bin (mit ihren spezifischen Interaktionsregeln und materiellen Gegebenheiten).

ontogenetisch:
- Ich kann bei neuer Erfahrung das bisher Gelernte nicht ignorieren, meine Vergangenheit und die gemachten Erfahrungen prägen mit die Erfahrungsstruktur meiner Gegenwart und der Zukunft (vgl. ebd.: 17).

Dies ist von existenzieller Bedeutung, denn nur so muss beispielsweise, auf die materielle Welt bezogen, nicht in jeder Generation das Rad neu erfunden werden. Auf die soziale Welt bezogen sind typische Handlungen von Menschen vorherzusehen. Wenn es brennt, rufe ich die Feuerwehr und weiß, dass mir geholfen wird und noch viel wichtiger, sie weiß es auch. Solches Wissen erspart zwei aufeinander treffenden Individuen, alle gemeinsamen Belange neu auszuhandeln (vgl. ebd: 23). Aber auch, dass gewisse gesellschaftliche Strukturen determiniert sind. So haben sich beispielsweise gewisse Rollen eingespielt (z.b. Vaterrolle, Mutterrolle, Führungsrollen etc.), welche der Grundstein für Institutionen (z.B. das juristische System, Staaten, Familie etc.) waren und letztlich zu komplexen Gesellschaftsordnungen geführt haben.
Anders ausgedrückt:

„Ich erfahre Wirklichkeit der Alltagswelt als eine Wirklichkeitsordnung. Ihre Phänomene sind vor-arrangiert nach Mustern, die unabhängig davon zu sein scheinen, wie ich sie erfahre, und die sich gewissermaßen über meine Erfahrung von ihnen legen. Die Wirklichkeit der Alltagswelt erscheint bereits objektiviert, das heißt konstituiert durch eine Anordnung der Objekte, die schon zu Objekten deklariert worden waren, längst bevor ich auf der Bühne erschien" (BERGER, LUCKMANN 1974: 24).

„Diese Welt ist immer schon eine interpretierte Welt, die Sinn und Ordnung für uns hat. Sie ist weitgehend vermittelt und nur zu einem geringen Teil der unmittelbaren Erfahrung des einzelnen Entsprungen. Alles Erworbene – die Sprache, die in Sprache verkörperten Typisierungen, Regeln zum Umgang mit Dingen, Verhaltensanweisungen für typische Situationen u.a. – konstituiert den ‚verfügbaren Wissensvorrat', wie Schütz ihn nennt, den Rahmen jedes Verständnisses und jede Orientierung für mein Leben in der alltäglichen Erfahrung, mit dessen Hilfe ich Alltagssituationen bewältige und meine Menschen verstehe" (SCHÄFERS 2001: 357).

Bleibt festzuhalten:
- Kommunizierbare Erfahrung als Garant für gesellschaftliche Funktion.
- Sprache als Koordinationssystem meines Lebens. Füllt Gesellschaft für mich mit sinnhaltigen Objekten (vgl. BERGER, LUCKMANN 1974: 25).

– Das Wissen um gleichartige Erfahrungen der materiellen Welt (Objekte) und gleichartiges Handeln (Rollen) bezieht sich also (wie die Herausbildung der Sprache) auf solche Realitätsbereiche, die gesellschaftlich relevant sind.
– Aus dem heraus werden gesellschaftliche Strukturen determiniert.

Das oben Genannte ist deshalb von Belang, weil gezeigt werden soll, dass wissenschaftliche Erfahrung im Wesentlichen in einer speziellen Fortführung dieses Prozesses besteht.

„Bestimmte Erfahrungs- und Handlungsmuster gegenüber Materie und zwischen Personen sind für die gemeinsame Lebensbewältigung relevant und hierfür bildet sich bevorzugt Sprache heraus, mit der diese Handlungsmuster gegenseitig abgestimmt und als Wissensbestände raum-zeitlich übermittelt werden können, das übrige Spektrum bleibt der nicht-konformen individuellen Erfahrung überlassen" (KRITZ 1981: 25).

Somit ist Wissenschaft als soziales Handeln anzusehen. Wodurch sich eine Definition von Wissenschaft ergibt:

„Wissenschaft treiben, verstehe ich als eine besondere Form sozialen Handelns nach bestimmten Regeln mit dem Ziel, Strategien zur Lösung von Problemen zu entwerfen. Solche Problemlösungsstrategien sind explizite Konstruktionen, die ein Wissenschaftler bzw. eine Wissenschaftlergruppe entwickelt, um nach ihren Kriterien Erklärungsdefizite zu beheben, die in der Gruppe als Bedarf vorliegen" (SCHMIDT 2003: 156).

Wissenschaft ist also kein Vordringen zu „allgemeingültiger Wahrheit", sondern eine Form von Problemlösungskapazität.

6.7 Zusammenfassung

Es wurde beschrieben, wie sich aus dem wahrnehmenden, konstruierenden Organismus soziale Systeme und Sprache entwickelt haben. Des weiteren, wie sich aus Sprache gesellschaftlich relevantes Wissen und Erfahrungen und daraus wiederum gesellschaftliche Objektivität konstruiert haben. Mit dem Effekt, dass sich gesellschaftliche Rollen und letzten Endes Institutionen entwickelt haben, wozu auch die Wissenschaft gehört. Es sollte aufgezeigt werden, dass der absolute Charakter, den die moderne Wissenschaft innehat, vielleicht mehr zu hinterfragen ist, als dies im Alltäglichen getan wird. Sie ist immer kontextgebunden und nie losgelöst von subjektiven und kulturellen Mustern. Sie ist eine Sicht unter vielen, und es gibt viele Wahrheiten.

7. Gesellschaftliche Einbettung der Wissenschaft

7.1 Ideologien und Geschichten

Aus dem eben Beschriebenen wächst die Überlegung, inwieweit Forscher und Wissenschaft allgemein von bestehenden Normen und Werten des bestehenden gesellschaftlichen Systems abhängig bzw. beeinflusst werden und welche Funktion Wissenschaft inne hat? Es geht um die Frage, inwieweit die „kollektive Wirklichkeitskonstruktion" die Problemlösungskapazitäten und die Entstehung von „gesellschaftlichem Wissen" beeinflusst?

Im Folgenden sollen zwei bedeutsame Einflussfaktoren (Geschichten und Ideologien) erläutert werden, um exemplarisch die gesellschaftliche Verstrickung von Wissenschaft deutlich zu machen.

Dazu ist zunächst zu erwähnen, dass gesellschaftliche Wirklichkeit immer auch durch Geschichten geprägt ist. Geschichten hier verstanden als kontextgebende Wahrnehmungsapparate.

> „Man kann einzelne Geschichten als eine bestimmte Form begreifen, in der Wissen über die soziale Welt aufbereitet und kommuniziert wird [...] Geschichten drücken eine bestimmte Haltung, bestimmte Affekte, eine bestimmte Umweltbeziehung aus: postiv-negativ, optimistisch-pessimistisch. Es sind Fortschrittsgeschichten oder kulturkritische Geschichten, Geschichten vom Verfall, von Bedrohung etc. Sie implizieren moralische Kodierungen und Stellungnahmen, sie dienen der Selbstverständigung und Legitimierung, sie drücken bestimmte Wertvorstellungen aus. Die Geschichten stellen eine wichtige Form dar, in der in einzelnen Gruppen oder gesellschaftsweit moralisch, ethische Diskurse geführt werden" (WEISCHER 2002: 5).

Somit habe Geschichten auch immer was mit Konflikt zu tun, „da Geschichten immer von den Ressourcen und Möglichkeiten einer Person oder Kultur zu tun haben. Es sind immer Konflikte um Benennungs- und Deutungsmacht über das jeweilige Geschehen" (ebd.: 7). Es gibt Sieger- und Besiegten-Geschichten, Legalisierungs- und Dramatisierungs-Geschichten, Frauen- und Männer- Geschichten, Unternehmer- und Arbeitergeschichten etc.

Das Individuum wird im Laufe seiner Sozialisation stark durch diese Geschichten geprägt und sie dienen ihm zur Deutung und Konstruktion seiner sozialen Umwelt.

Geschichten müssen hier als spezifische Wissensform gesehen werden. Sie ermöglichen Kommunikation und Handlung in unwägbaren und überkomplexen Situationen, indem sie zeitliche, kausale, legitimatorische Ordnungen anbieten, indem sie motivieren, Sinn stiften, Antwort auf moralische Fragen geben etc. (vgl. ebd: 9). Sie beziehen also komplexe Fragen auf anschauliche „Anekdoten" und sind somit Sinn stiftende Instanzen.

Ein weiterer nicht zu unterschätzender Einflussfaktor auf das System Wissenschaft sind Ideologien. Im Gegensatz zu den eben beschriebenen Geschichten haben Ideologien immer einen subjektiven Charakter, der nicht der allgemeingültigen konstruierten Objektivität entspricht, sie verfälscht und für die eigenen Vorteile missbraucht. Ideologien sind zielgerichtet, haben immer etwas im Sinn. Beweggründe, ideologiebildend zu handeln, sind Absichten und Rücksichten (vgl. ENDERWITZ 2005: 9). Gründe sind z.b. persönlicher Vorteil, spezielles Interesse, religiöser Glauben, kulturelle Tradition, soziale Abhängigkeit, Klassenlage etc. Dabei ist nicht gesagt, dass dieses bewusst geschieht, „ideologiebildend wirkt sie nur, wenn sie zwar im Subjekt, aber nicht im Wissen des Subjekts wirkt [...], sondern wenn sie sich quasi hinter dem Rücken des Subjekts zur Geltung bringt und sein Bild von der Wirklichkeit, ohne dass er weiß wie ihm geschieht, beeinflusst" (ebd.: 9).

Ideologie also verstanden als eine durch nicht bewusstes Interesse verfälschte Auffassung der Realität.

Wichtig bei der Definition von Ideologie ist des Weiteren das Faktum des Notwendigen. Notwendig hier verstanden als äußeren Zwang der Verhältnisse. Losgelöst vom eigentlichen Willen des Subjekts, manifestiert es sich im Bewusstsein und beeinflusst das Handeln des Individuums.

Zusammengefasst lässt sich folgende Definition schlussfolgern:

> „Ideologie ist gesellschaftlich notwendig falsches Bewusstsein, sofern man die Subjektseite betrachtet, und gesellschaftlich notwendiger Schein, wenn man vom Gegenstand des ideologischen Bewusstseins spricht. Der Terminus ‚gesellschaftlich notwendig' bedeutet nicht einen naturgesetzlichen Zwang zum falschen Bewusstsein, sondern eine objektive Nötigung, die von der Organisation der Gesellschaft selbst ausgeht. Sie entsteht, wenn die Gesellschaft den Individuen anders erscheint, als sie in Wahrheit ist, wenn bestimmte Oberflächenphänomene ihre innere Organisation verdecken; der ideologische Schein ist ein objektiver Schein, weil die Divergenz von Wesen und Erscheinung der Gesellschaft auf den Widerstreit zwischen Produktivkräften und Produktionsverhältnissen zurückverweist" (HERKOMMER 2005: 33: zitiert nach SCHNÄDELBACH 1969: 83).

Das macht Ideologien zu psychologischen und sozialen oder historisch vielleicht notwendigen, aber an sich falschen oder illegitimen, bestenfalls bedingt berechtigten Idolen, Illusionen, Werturteilen, Dogmen, Lehrformeln oder im ganz großen Stil zu Überbauten eines entfremdeten Bewusstseins (vgl. SCHÄFERS 2001: 130).

In welchem Ausmaß dies geschehen kann wurde im Dritten Reich besonders deutlich, wo Ideologie zumindest einen erheblichen Anteil am moralischen Kollaps einer ganzen Nation (und eben auch dem Teilsystem Wissenschaft [vgl. etwa CORNWELL 2003]) hatte.

Somit wurden zwei maßgebliche Einflussfaktoren dargestellt, die das System Wissenschaft nicht nur an ihrer Peripherie tangieren, sondern als Basis aus der sich Wissenschaft konstituiert anzusehen sind.

„Die Herausbildung der Wissenschaft kann als der Versuch gelesen werden, sich von der Welt der Geschichten (und eben auch Ideologien: Anmerkung des Verfassers) abzusetzen, indem man bestimmte Strategien der Validierung von Wissen, bestimmte Regeln der Argumentation, der Reflexion und der wissenschaftlichen Kommunikation entwickelt hat" (WEISCHER 2002: 7).

Aus dem in Punkt 8-8.7 Beschriebenen wurde deutlich, dass dieses nur bedingt geschehen kann. Wissenschaft beginnt schon konstruiert und sozial geprägt. „Doch ist nicht von der Hand zu weisen, dass Wissenschaft immer zeit- und kulturspezifisch geprägt ist. Wissenschaft ist also nie frei von kulturellen Mustern" (ebd.: 11).

Somit muss man sich vergegenwärtigen, dass Wissenschaft, trotz ihres Bemühens um wissenschaftlich kontrollierte Methoden zur Analyse, selbst in diese Welt der Geschichten und Ideologien verstrickt ist und niemals den so oft postulierten universellen Wahrheits-Anspruch innehat und immer an die vorherrschende Kultur, Wertemuster, Normen, materielle Gegebenheiten etc. gekoppelt ist.

Bleibt festzuhalten:

– Wissenschaft ist durch Kultur und die vorherrschenden Geschichten geprägt und beide (Wissenschaft und Kultur) ergeben eine unzertrennliche Symbiose.
– Somit ist problemzentriertes Handeln immer an gesellschaftlichen Umständen gekoppelt.

7.2 Wissenschaft und Gesellschaftskritik

Um zu der Struktur durchzudringen, die Wissenschaft im Jetzt und Hier beeinflusst und prägt, muss die gesellschaftlich vorherrschende Struktur fokussiert werden, in der Wissenschaft forscht und arbeitet.

„Ausgehend von der Überlegung, dass auch die heutige Wissenssoziologie sich zunehmend darauf beschränkt, lediglich die internen Funktionsweisen des sozialen Systems Wissenschaft zu untersuchen, dabei die gesamtgesellschaftliche Verklammerung ihres Untersuchungsgegenstandes jedoch zu übersehen scheint" (RIEGEL 1974: 9), möchte ich unser heutiges vorherrschendes gesellschaftliche System – den Neo-Liberalismus[12] – auf Wissenschaft beziehen.

---

12. Neoliberalismus verstanden als „wirtschafts-polit. Lehre, die wie der Liberalismus des 19 Jh. freien Wettbewerb propagiert, der vom Staat nirgendwo eingeschränkt, sondern gesetzl. gefördert werden soll" (LEXIKON 1994: 600).

„Der Neoliberalismus wird mit gutem Grund als die hegemoniale Ideologie im gegenwärtigen Entwicklungsstadium der kapitalistischen Gesellschaft angesehen, als eine Art Alltagsreligion, die sich in allen Lebensbereichen durchgesetzt hat" (HERKOMMER 2005: 31).

Die Frage, die daraus erwächst, lautet, inwiefern äußert sich ein System der Profitmaximierung, auf den Charakter von Wissenschaft, Forschung und Bildung? HERKOMMER zeigt diese auf, indem er diese Frage von Karl Marx Ideologietheorie ausgehend untersucht.

Tenor der Ideologiekritik ist: Die gesellschaftlichen Verhältnisse lassen sich nicht vom Bewusstsein differiert betrachten.

„Nicht das Bewusstsein bestimmt das Leben, sondern das Leben das Bewusstsein [...]. Die Kritik der politischen Ökonomie kann gelesen werden, als Kritik der objektiven Gedankenformen, wie sie die bürgerliche Gesellschaftsformation hervorgebracht hat, gang und gäbe Bewusstseinsformen und ihres wissenschaftlichen Ausdrucks in einem" (HERKOMMER 2005: 38: 39).

Daraus lässt sich schlussfolgern, dass Wissenschaft (weil Kultur abhängig) stark von ökonomischen Faktoren abhängig ist und somit durch einen verwertungsorientierten Mechanismus gekennzeichnet ist. Um deutlich zu machen was für Auswirkungen damit verbunden sind, möchte ich kurz die Teilsysteme, die Wissen „produzieren", in der Verstrickung von Ökonomie und Wettbewerb darstellen.

Nicht nur in Deutschland, sondern auch in anderen Industrienationen ist ein Modernisierungsprozess des gesamten Bildungssystems (von der vorschulischen Erziehung bis zum Hochschulstudium) zu beobachten (vgl. BULTMANN 2005: 11). Bezugsfolie der Akteure (z.B. Parteien, Verbände, aber auch supernationale Organisationen, wie EU und Weltbank, IWF etc.) ist der Wettbewerb, der immer mehr auf globaler Ebene stattfindet. Diese ökonomische Globalisierung „vollzieht sich in ihrer vorherrschenden Form vor allem als ökonomischer Wettbewerb im Kampf der (nationalen) Standorte. Dies ist auch ein Kampf um die Verteilung von Wissen, womit die jeweiligen nationalen Systeme der Wissensproduktion einem entsprechend größeren Veränderungs- und Vergleichsdruck ausgesetzt werden" (ebd.: 12).

Daraus folgt ein enormer Druck der beteiligten Systeme auf die Wissen produzierenden Institutionen.

Aus Sicht der Nationalstaaten, nationalen Eliten oder multinationalen Konzerne sind Wettbewerbsvorteile dort zu finden, wo die gesamte „Wertschöpfungskette des Wissens" (Prozess der Entstehung, Vermittlung, gesellschaftlicher Nutzen etc.) marktökonomisch ausgerichtet ist. Somit wird Wissen nicht mehr anhand seiner gesellschaftlichen „Gebrauchswerteigenschaft" gemessen, sondern ausschließlich unter dem Aspekt seiner kurzfristigen ökonomischen Verwertbarkeit.

Daraus ergibt sich eine Transformation des Bildungs- und Forschungsbereichs.

Veränderungen sind bereits in allen Bereichen zu finden:

– Bereits im Vorschulprogramm: Dieses wird immer mehr unter humankapitalbildenden Aspekten ausgerichtet (Englisch oder sogar Chinesisch im Kindergarten), mit der Begründung „soziale" Schlüsselkompetenzen schon im Vorschulalter zu gewinnen.

– In der Schule: Abitur nach zwölf Jahren. Ausdehnung der Privatschulen und Elitenförderungen.

– Im weiterführenden Bildungsweg: Dieser wird immer mehr unter den Aspekten der „zunehmenden individuellen Interessenprofilierung und beruflichen Spezialisierung gesehen. Damit lässt sich ein staatlicher Rückzug aus der Finanzierung dieser Bildungsbereiche begründen; eingeschlossen eine private Kostenbeteiligung (z.B. Studiengebühren) bzw. eine Umverteilung (ohnehin knapper werdender) stattlicher Bildungsausgaben im Elementarbereich" (ebd.: 13). Dies hat zur Folge, dass jegliche Gerechtigkeitsvorstellungen gesellschaftlicher Verteilung abgekoppelt werden und auf „formal gleiche individuelle Startchancen" reduziert werden.

– Noch vor wenigen Jahrzehnten war an den Hochschulen ein erheblicher Anteil noch nicht von ökonomisch und herrschaftsbildenden Aspekten gekennzeichnet. „Neu ist aber, dass dieses vormals äußerliche Verhältnis jetzt zunehmend aufgehoben wird und stattdessen Markt, Wettbewerb und Konkurrenz zu totalisierenden Verhaltensmustern aller Beteiligten in Bildung und Wissenschaft werden. Die Hamburger Erziehungswissenschaftlerin Ingrid Lohmann spricht in diesem Zusammenhang von einer „Ökonomisierung von Eigenschaften und Handlungsmotiven" (vgl. ebd.: 14). Somit unterzieht sich das Wissenschaftssystem selbst einer permanenten Beobachtung. Alle Hochschulen werden im Rahmen einer leistungsorientierten Mittelvergabe durch die Länderhaushalte in Konkurrenz gesetzt. Auf der Ebene einzelner Hochschulen konkurrieren Fachbereiche gegeneinander, im Fachbereich jede/r Wissenschaftler/in gegen alle Kollegen/innen (vgl. ebd.:14). Ob in diesem Klima der Konkurrenz, Missgunst und Beobachtung der gesellschaftliche Nutzen von Bildung und Wissenschaft vermehrt werden kann, ist gänzlich unbewiesen.

Klar ist aber, dass der Einfluss der neoliberalen Ideologie sämtliche wissenschaftlichen Lebensbereiche durchdringt und nach seinen eigenen internen Mechanismen ausrichtet.

KLAUS HOLZKAMP leitet daraus folgende Funktion der Wissenschaft ab:

„Wissenschaft ist also ein prinzipielles Gegen-den Strom-Schwimmen, dabei vor allem auch gegen den Strom der eigenen Vorurteile und [...] gegen die Tendenz Sich-Korrumpieren-Lassen und Klein-Beigeben gegenüber den herrschenden Kräften, denen die Erkenntnisse gegen den Strich gehen, die ihren Herrschaftsanspruch gefährden können. Demnach ist Wissenschaft quasi als solche Kritik und Selbstkritik: Aber nicht konkurenzbestimmte profilierungssüchtige Kritik vieler bürgerlicher Intellektueller, sondern eine Kritik zur Durchsetzung des menschlichen Erkenntnisfortschritts im Interesse aller Menschen gegen die bornierten Interessen der Herrschenden an der Fortdauer menschlichen Fremdbestimmung und Unmündigkeit" (Kaindl 2005: 7; zitiert nach Holzkamp 1983: 163).

Wissenschaft ist demnach soziales Handeln, ein Instrument, die Lebensumstände global zu verbessern. Somit kann man dieses Kapitel mit Jürgen Kritz Worten beenden:

„Alle wesentlichen Errungenschaften – zu denen auch die Wissenschaft zählt – haben sich somit daraus entwickelt, dass der Mensch sich gegen eine Umwelt behaupten musste um zu überleben. Und daher die Kooperation mit anderen Menschen, eine reflexive Sprache und eine materielle Veränderung der Umwelt funktionale Bedeutung. Die Folgerung, die daraus gezogen wird, ist, dass Wissenschaft ihre Funktion in einer Fortsetzung dieser Prozesse haben sollte, nämlich zur Verbesserung der Lebensbedingungen beizutragen" (Kritz 1981: 29).

7.3 Wissenschaftskritik als Methodenkritik

Es wurde aufgezeigt, wie befangen die Wissenschaft ist, je nachdem, in welcher Kultur sie arbeitet. Ich möchte im Folgenden noch eine interne Kritik an der Funktion des Systems Wissenschaft geben, um von den äußeren gesellschaftspolitischen Faktoren zu den immanenten Problemen der wissenschaftlichen Validierung von Fakten überzuleiten (auch wenn dies nur bedingt möglich ist, da im Wissenschaftsbetrieb Mikro-, Meso- und Makro-Ebene unzertrennlich miteinander verbunden sind), um im Anschluss konkret auf die Expertise von Petersen und Thomasius einzugehen.

Da die Studie einen starken klinischen Einfluss hat und stark Naturwissenschaften mit sozialen Aspekten in Verbindung bringt, soll die Arbeit im Labor genauer betrachtet werden. Dazu werde ich mich mit Karin Knorr-Cetina auseinandersetzen und ihre Gedanken erläutern.

Tenor ist: „Anstatt wissenschaftliche Produkte als irgendwie die Wirklichkeit abbildend zu betrachten, kann man sie auch als selektiv aus dieser Wirklichkeit fabriziert sehen" (Knorr-Cetina 1984: 21).

Wie es um die Objektivität der Wirklichkeit steht, wurde in den vorherigen Kapiteln beschrieben. Die Wissenschaft versucht diese dennoch (und mit gutem Recht) „abzubilden". Doch möchte ich daran erinnern, dass, wenn hier von Wahrheit gesprochen wird, kollektive Wirklichkeitskonstruktion gemeint ist. Die in diesem Prozess entstehenden Probleme sind Kern dieses Kapitels.

Damit ist angedeutet, dass das Problem und die Einschränkung der Wissenschaft nicht nur in ihrer gesellschaftspolitischen Einbettung liegt, sondern auch in der beschränkten Konstruktion ihrer Ergebnisse durch das Labor und des Wissenschaftlers.

„Selbst ein kurzer Aufenthalt im wissenschaftlichen Labor wird zeigen, dass das deskriptive Modell der Forschung und mit ihm die Rede von ‚Wahrheit‘, vom ‚Hypothesen-Testen‘ und dergleichen kaum zur Erfassung des Forschungsprozesses geeignet sind" (ebd. 23).

Um dieses zu erläutern, muss man sich vergegenwärtigen, was unter diesen Gesichtspunkten ein Labor überhaupt ist, was dort geschieht, und in welchem "setting" Forschung stattfindet:

– Die Arbeit in einem Labor ist hochgradig vorstrukturiert und artifiziell. Die meisten Ausgangsstoffe sind vom Menschen erschaffen oder gezüchtet. "Ob sie nun gekauft sind oder von den Wissenschaftlern selbst präpariert wurden, diese Substanzen sind genauso Produkt menschlicher Erzeugung wie die Meßinstrumente oder die wissenschaftlichen Artikel auf den Schreibtischen" (ebd. 23).

– „Genausowenig wie die Natur finden wir in dem Labor die Suche nach der Wahrheit, die gewöhnlich der Wissenschaft zugeschrieben wird" (ebd: 24). Es geht mehr um Erfolg – z.B. eines Versuchs – als um den Wahrheitsgarant des Ergebnisses. Wissenschaftler sichern sich gegen spätere Angriffe ab, indem sie mögliche Kritik vorwegnehmen und ihr durch ihre Arbeit entgegnen, bevor sie sie publizieren. Erfolgreich etwas zu leisten ist ein viel alltäglicheres Bestreben als das nach Wahrheit, und es kann ständig mittels Publikation in Anerkennung und Kredit umgemünzt werden.

„Was daher als konkretes Ziel der Arbeit ständig verstärkt wird, ist der Erfolg beim ‚Gelingen‘ eines Versuchs und nicht etwa das unerreichbare Ideal der Wahrheit" (ebd: 24).

– Nicht nur die Begriffe Wahrheit und Natur verändern ihre semantische Bedeutung innerhalb des Labors, sondern ähnliche Probleme ergeben sich auch bei dem Begriff der Theorie.

„Wissenschaftliche Theorien nehmen im Labor einen eigentümlichen Charakter an: sie bleiben versteckt in partiellen Interpretationen dessen, ‚was vorgeht‘ und ‚was etwas bedeutet‘, und sind nicht geschieden von, sondern vielmehr hineinverwoben in den Prozeß instrumenteller Manipulation" (ebd. 25).

Damit ist gemeint, dass Theorien nie von den instrumentellen Gegebenheiten und den Forschenden losgelöst sind. Sie sind immer kontext-spezifische Konstruktionen, die interessengeleitet und situationsspezifisch sind.

„Forschung in der Werkstatt der Wissenserzeugung erscheint als vom Können der Akteure abhängige Handarbeit, nicht als Kopfarbeit im Reich der Ideen" (ebd.: 25).

– Somit lässt sich folgern, dass Laborarbeit hochgradig durch Selektion strukturiert ist. Die Wahl der Instrumente, die Verwendung einer bestimmten Methode, das Benutzen einer bestimmten Funktion, eines bestimmten Computerprogramms, eines bestimmten Studiendesigns etc. Durch diese Selektion wird der Forschungsprozess stark beeinflusst. Bei dem Abwägen z.b. zwischen verschiedenen Verfahren und dem sich Entscheiden für ein Verfahren wird natürlich das Forschungsergebnis schon zu Beginn des Forschungsprozesses in eine gewisse Richtung gedrängt. Das ist auch der Kritikpunkt, denn "wenn wissenschaftliche Resultate über Selektionen aus der Realität herausgemeißelt sind, können sie durch Infragestellung der Selektionen, die in ihnen verkörpert sind, auch dekonstruiert werden" (ebd.: 27). Wissenschaftliche Resultate sind relativ anzusehen, weil sie durch die Selektion angreifbar werden. Vereinfacht ausgedrückt: Unter dem Verfahren X wurde Y herausgefunden. Hätte man aber den Umstand Q als Verfahren benutzt ist anzunehmen, dass Z herausgefunden worden wäre. Zusammenfassend wird deutlich, dass wissenschaftliche Arbeit aus der Realisierung von Selektivität in einem vorkonstituierten Raum, der meist überdeterminiert ist, konstruiert wird, wodurch es zur Entstehung „korrekt" erzeugter, einander widersprechender Resultate kommen kann (vgl. ebd.: 28).

– Somit sind wissenschaftliche Untersuchungen als konstruktiv anstatt als deskriptiv anzusehen, wenn man sich den Vorgang der Selektivität vor Augen führt. Um den Prozess der Wissensentstehung zu begreifen, muss man sich bewusst machen, welche Aspekte den Selektionsprozess beeinflussen. KNORR-CETINA sieht diesen Selektionsprozess als interne Befangenheit an. Wissenschaftler richten ihre Entscheidungen und Selektionen im Labor immer auf die Reaktion bestimmter Mitglieder der Wissenschaftsgemeinschaft, die als „Validierende" der eigenen Ergebnisse in Frage kommen, aus. Fragen nach dem politischen Hintergrund der Zeitschrift, in der publiziert werden soll, mit welchem wissenschaftlichen „Lager" man konvergent ist und mit welchem man sich in Diskrepanz setzt sind Entscheidungsträger.

„Entscheidungen werden danach getroffen, was gerade in und was out ist, was man machen und nicht machen kann" (ebd.: 29).

– Des Weiteren werden im Wissenschaftsbetrieb die Forschungsergebnisse nicht nur rein an ihrer „Qualität" gemessen, sondern die Resultate werden abhängig von dem Ursprung der Entstehung gemacht. Also wer ist der Autor, wo wurde die Forschung durchgeführt und warum wurde sie durchgeführt, sind nicht selten Beweggründe eine Arbeit als plausibel oder unplausibel, als interessant, uninteressant oder gar absurd zu bezeichnen. Die Wissenschaftler identifizieren praktisch die Resultate mit den Umständen ihrer Entdeckung (vgl. ebd.: 30).

– Auf allgemeiner Ebene sollte man sich vor Augen führen, dass sowohl die Produzenten, als auch die Beurteiler von Forschung und „Wissen", Teil derselben Wissenschaftsgemeinschaft sind. Somit wird unterstellt, dass sie ein Grundwissen, ebenso wie gewisse Bewertungsstandards und professionelle Präferenzen zur Einschätzung von Forschungsarbeiten teilen. Doch gerade innerhalb der "scientific community" herrscht rege Konkurrenz, denn der kompetenteste Beurteiler eines Forschungsresultates ist der gefährlichste Konkurrent hinsichtlich Forschungsgelder und wissenschaftlicher Reputationen. Somit ist nicht einzusehen, „warum die Produzenten und Beurteiler, die einen Vorrat an Wissen und Verfahrensweisen teilen, die Produzenten und Kunden, die wechselseitig ihre Dienstleistungen brauchen, bzw. die Konkurrenten um wissenschaftliche Kredite und finanzielle Mittel, die auf demselben Spezialgebiet arbeiten, gleichzeitig als voneinander unabhängig gelten und in diesem Sinn Objektivität beanspruchen sollen" (ebd. 30).

– Ein weiterer Aspekt, der die Validität von künstlich entstandenem Wissen kritisch sieht ist, dass in der unterstellten Trennung von Entstehung und Akzeptanz von „Wissen", die Bewertung als Konsensbildung begriffen werden muss (vgl. ebd.: 30). Somit ist dieser Vorgang als Meinungsbildungsprozess zu verstehen und damit losgelöst von dem Prozess der Wissensproduktion. Damit ist gemeint, dass der Meinungsbildungsprozess in der Erhärtung gewisser Erkenntnisansprüche durch kontinuierliche Eingliederung in die laufende Forschung zu veranschlagen ist. Dass dies bei den vorher genannten Punkten nicht losgelöst von marktökonomischen Aspekten und nicht frei von Vorurteilen der Forscher und Auftraggeber geschieht, macht den Prozess auf jeden Fall bis zu einem gewissen Grad einseitig und determiniert den Erkenntnisweg.

– Demnach lässt sich schlussfolgern, dass Forschende schon zu Beginn der Wissensproduktion befangen sind. So kann man abschließend mit einer These FEYER-ABENDS argumentieren, die den Kern der Problematik trifft.

„Die Antwort lautet, dass der Fachmann den Gegenstand eben nicht von allen Seiten her untersucht hat, dass seine eigenen Kenntnisse große Lakunen haben, die aber durch illegitime Ausdehnung von Ergebnissen in anderen Gebieten oder einfach von Gerüchten verdeckt werden, dass er zu bequem ist, ungewohnten Forschungswegen nachzugehen, und dass ein Laie, der noch nicht gelernt hat, wie man Unkenntnis und Bequemlichkeit in Erkenntnis und Autorität verwandelt und wie man Lakunen durch Gerede verdeckt, eben darum erstaunliche Entdeckung macht" (FEYERABEND 1979: 154).

7. 4 Diskussion

Es wurde beschrieben, dass Wissenschaft immer Kontext gebunden ist. Im Anschluss wurde der Kontext beschrieben, in dem Wissenschaft praktiziert wird. Es sollte deutlich gemacht werden, in welchem Umfang Wissenschaft beeinflusst wird. Ideologien, gesellschaftliche Verhältnisse, Kultur, Geschichten, Werte, Finanziers, Normen beeinflussen maßgeblich den wissenschaftlichen Betrieb. Damit schränkt die Wissenschaft sich selbst ein und schöpft ihr Potential nicht aus. An dieser Stelle bringt PAUL FEYERABEND wichtige Überlegungen, die dieses Problem tangieren. Verkürzt gesagt ist die Aussage:

> „Theorien oder Forschungsprogramme werden nicht verworfen oder angenommen, weil sich die Wissenschaftler an bestimmte Maßstäbe kritischen Argumentierens halten; im Gegenteil, die Wissenschaftler sind voller Vorurteile. Die Wissenschaft kann auch keine große Autorität in Anspruch nehmen, denn sie kann kein absoluter Maßstab für die Beurteilung alternativer Lebensformen sein, da sie selbst nur eine Form des Denkens unter vielen anderen ist" (TANGHE 1987: 33).

Also sieht FEYERABEND wissenschaftliche Weltanschauung selbst als Ideologie, die durch geschickte Propaganda den Glauben an ihre Überlegenheit begründet hat. Um dem entgegenzutreten ist für FEYERABEND das einzige wissenschaftliche Dogma: "Anything goes" (alles geht).

> „Vernunft und Wissenschaft gehen oft verschiedene Wege. Ein heiterer Anarchismus ist menschenfreundlicher und eher geeignet, zum Fortschritt anzuregen, als ‚Gesetz-und-Ordnungs-Konzeptionen'" (FEYERABEND 1983: 13).

Für FEYERABEND ist Wissenschaft also nur ein Sinnsystem unter vielen.
Z.B. unser wissenschaftliches Schulmedizinisches System ist eine Art mit Krankheit und Gesundheit umzugehen. Der Metaphysische Schamanistische Weg zur Genesung eine andere. Feyerabend teilt nicht die westlich geprägte Art das eine über das andere zu stellen, sondern räumt ein, dass in gewissen Sinnsystemen und gewissen kontextgebundenen Zuständen alles Sinn ergibt, wodurch unsere befangene Sicht erweitert werden kann. „Alles geht"-Unbefangenheit als Güte-Kriterium anstatt Systemkonvergenz und leistungsorientiertem Wissenschaftshabitus. Hier sind wir natürlich wieder bei einem gesellschaftlichen Problem angelangt, wo sich jeder immer wieder selbst prüfen und gegebenenfalls neu erfinden muss. In diesem Sinn sind FEYERABENDS Thesen als ein Appell an eine freie Gesellschaft, wo Ideale wie "anything goes" ins gesellschaftliche Bewusstsein integriert sind, zu verstehen.
Somit könnte ein neuer Erkenntnisweg aufgezeigt werden, der eine alternative zum konventionellen technokratischen Forschungsparadigma darstellen würde. Starre Mechanismen (wie die Arbeit im Labor, Forschungsdesigns, ICD-10 etc.) eigenen sich nur bedingt, um die ständig veränderten, wachsenden und niemals stillstehenden

Elemente der Natur, des Sozialen, des Lebens an sich zu beschreiben und zu erforschen. Sie zeugen eher von Eindimensionalität. Eine Suche nach einfachen Antworten auf komplexe Probleme, um etwas mechanisch zu erklären, was vom Wesen her organisch ist.

Um mit HORKHEIMER zu sprechen:

> „Sie *(die Wissenschaft)* hat in einseitiger Verfolgung praktischer, utilitaristischer und technisch-industrieller Zwecke den Menschen zunehmend aus ihrem Kalkül herausgerechnet und seine ‚wirklichen Bedürfnisse' ignoriert" (vgl. HORKHEIMER 1968: 8. Klammer vom Verfasser).

8. Kritische Untersuchung der Expertise „Auswirkungen von Cannabiskonsum und -missbrauch"

Wie in den vorherigen Kapiteln beschrieben, ist der Diskurs um die Folgeschäden von Cannabiskonsum emotionsgeladen, ideologiebehaftet und leider nicht lösbar von der Legalisierungsdiskussion, weil jegliche neuen Forschungsarbeiten von der einen oder anderen Position für die Durchsetzung ihrer Forderungen ge- bzw. missbraucht werden, wobei es, wie schon erwähnt, weniger um eine „objektive" Abschätzung geht, als vielmehr um politisches Kalkül und Durchsetzung eigener Interessen. Wenn Objektivität, Wissen und Wahrheit als kollektive Wirklichkeitskonstruktionen verstanden werden, bedarf es natürlich einer äußerst vorsichtigen und ich nenne es jetzt bewusst „zarten" Annäherung an ein Thema mit solchem Konfliktpotential wie die Cannabisdiskussion. Polemische Legalisierungsrufe oder Dramatisierungsszenarien bringen der konstruktiven Diskussion und den Menschen, die sich relativ vorurteilsfrei dem Thema nähern möchten, nicht weiter. Wissenschaftliche Forschung hat natürlich einen hohen Stellenwert in der Erzeugung von gesellschaftlichem Wissen und gerade deswegen müssen Studien mit diesem heiklen Thema besonders kritisch analysiert werden.

Daraus resultiert, dass gerade bei Untersuchung von Fakten zu Cannabiskonsum und -missbrauch neben der kritischen Beleuchtung der Methoden, die Fragen im Vordergrund stehen, wer der Autor ist (welchen gesellschaftlichen Bezug hat er, wo könnten seine Motivationen liegen?), wer ist der Auftraggeber (unabhängig oder staatlich/ wenn unabhängig, wie ist das Leitbild des Institutes?), wer ist der Finanzier (von besonderer Bedeutung, weil Finanziers oft eine genaue Absicht haben, warum etwas unterstützt wird und warum nicht)? Dies sind Punkte, die ab einem gewissen Grad spekulativ werden, doch ist nicht von der Hand zu weisen, dass diese Aspekte den Forschungsprozess mitbestimmen (wie im Kapitel „Wissenschaft als Methodenkritik" gezeigt worden ist) und somit im Kontext dieser Arbeit erwähnt werden müssen.

Im Folgenden soll eine Betrachtung der Methoden stattfinden. Dabei geht es um die Frage, ob die Methoden und Studiendesigns geeignet sind, um sich diesem Forschungsbereich zu nähern und, ob aus dem gewonnenen Datenmaterial die kausalen Aussagen, die getroffen worden sind, zutreffen. Dabei werde ich die gefundenen Kritikpunkte allgemein beschreiben und im Anschluss den entsprechenden Themenfeldern (Organisch/Psychosozial/Neurokognitiv) zuordnen. Viele Kritikpunkte tangieren mehrere Domänen, weswegen eine vorerst themenübergreifende Kritik unbedingt notwendig ist, um dann eventuelle Schwachstellen stichpunktartig den Themenfeldern zuzuordnen.

Im Anschluss wird eine Untersuchung betreffend der Positionen und Motive der Autoren, Finanziers und Auftraggeber anhand der Reaktion der Fachöffentlichkeit gemacht, mit dem Ziel abwägen zu können, ob die Schlussfolgerungen, die gemacht wurden, als valide einzuschätzen sind oder, ob durch ein Konglomerat aus Ideologie, finanziellen Interessen und politischem Kalkül versucht wurde, das Datenmaterial in einer ganz speziellen Sicht zu deuten, mit dem Ziel das gesellschaftliche „Wissen" nach eigenen Überzeugungen zu gestalten und nach individuellen Gesichtspunkten auszurichten. Also sollen die im oberen Teil beschriebenen Rahmenbedingungen, aus denen sich Forschung konstituiert, beleuchtet werden.

8.1 Diskussion der Befunde und Methoden

Auf den ersten Blick hat die Expertise den Anschein sauber und nach hohen wissenschaftlichen Standards entwickelt worden zu sein. Es wurden im Rahmen der Expertise 246 Studien evidenzgeleitet ausgewertet und in Form eines Systematischen Reviews erstellt.

Der Hauptkritikpunkt an dem methodischen Vorgehen ist, dass die Art der Umsetzung der gewählten Studiendesigns sich selbst beschränken. Der Forschungsauftrag war, eine Expertise zu den gesundheitlichen und psychosozialen Folgen zu erstellen. Doch aus den Ausschlusskriterien rekrutieren sich lediglich Studien, die nur negative Aspekte bzw. Beeinträchtigungen der THC-Applikation untersucht haben. So wurden 48 Studien, die den Einsatz von Cannabis im medizinischen Bereich überprüft haben, nicht miteinbezogen, mit der Begründung:

> „Diese Studien wurden gemäß dem Auftrag der Studie als nicht relevant eingeschätzt, da im Zusammenhang mit THC-Einnahme oder Cannabiskonsum keine Beeinträchtigungen, sondern vielmehr erwünschte symptomlindernde Effekte untersucht wurden" (PETERSEN, THOMASIUS 2007: 28).

> „Die Einschlusskriterien ergeben sich aus dem durch die Fragestellung übergeordneten Ziel, nur Studien einzuschließen, die Menschen im Hinblick auf Zusammenhänge von Cannabiskonsum oder THC-Applikation mit Merkmalen psychischer und körperlicher Gesundheit sowie der psychosozialen Situation oder kognitiver Leistungsfähigkeit im Hinblick auf eine potenzielle Cannabis- oder THC - induzierte Beeinträchtigung quantitativ untersucht haben" (PETERSEN, THOMASIUS 2007: 12).

Wenn also eine Studie z.B. einen sozial stabilisierenden Faktor eines „sozial integrierten Cannabiskonsums" herausgefunden hätte (vgl. SCHNEIDER 1995: 64), wäre dieser nie in die Aussagen der Autoren mit eingeflossen, wodurch eine von vornherein relativ eingeschränkte Sicht forciert worden ist.

Somit ist die Basis der Analyse schon in sich „realitätsverzerrend", womit sich die Aussagekraft relativiert.

Es muss dazu noch angemerkt werden, dass das BMG in Auftrag gegeben hat, auch den medizinischen Einsatz von Cannabinoiden zu untersuchen, wie aus dem Schriftverkehr zwischen Brigitte Bender (Bündnis 90/Die Grünen) und MARION CAS-PERS-MERK vom BMG deutlich wird. Bender hat schriftlich nachgefragt, warum die Studie nach der sauber durchgeführten Expertise von KLEIBER und KOVAR überhaupt gemacht wurde, warum der Auftrag an Prof. Dr. THOMASIUS vergeben wurde, warum (wie bei der Studie von KLEIBER und KOVAR) kein Zweitgutachter die Studie untersucht hat und wie viel Geld den Autoren bereitgestellt worden ist. Wichtig ist hier die Aussage von Caspers-Merk zum Forschungsauftrag:

> „Die Erstellung eines aktuellen wissenschaftlichen Werkes zu Cannabis, ist fachlich erforderlich, um zu einer sachlich nachvollziehbaren Neubewertung des Cannabiskonsums *sowie auch die Möglichkeiten des medizinischen Einsatzes von Cannabinoiden* zu gelangen" (CASPERS-MERK 2006: 2; Hervorhebungen vom Verfasser).

Die 48 Studien wurden also *entgegen* des Forschungsauftrags ausgeklammert, womit sich eine sachlich nachvollziehbare Neubewertung als schwierig gestaltete. Die gemachten Ein- und Ausschlusskriterien (vgl. S. 8-10) waren nicht konvergent mit dem Forschungsauftrag. Ein bewusstes Ausklammern entgegen des Forschungsauftrags ist in sich nicht zu rechtfertigen und hat einen äußerst unseriösen Charakter inne.

Ein weiterer Punkt ist, dass RCTs und kontrollierte Studien mit negativen Ergebnissen unter Umständen der "scientific community" vorenthalten werden und somit eventuelle positive Ergebnisse gar nicht publiziert worden sind (vgl. S. 48), wenn eine Beeinträchtigung untersucht wurde. Die verwendeten Datenbanken sind klar medizinisch bzw. psychologisch ausgerichtet, was schon eine Selektion in sich birgt und nur Teilbereiche eines weiten Feldes beschreiben kann. Somit hätte bei einer bestimmten Fragestellung den Cannabiskonsum betreffend, ein RCT, welches nicht die gewünschten Ergebnisse bereitgehalten hätte, nie den Weg in wissenschaftliche Veröffentlichungen gefunden. Wichtig ist hier, sich bewusst zu machen, dass eventuelle positive Effekte einer THC-Applikation im Voraus nicht von der Expertise hätten aufgenommen werden können, da sie schlichtweg bei der Literaturrecherche nicht gefunden worden wären.

Dass die uneingeschränkte Gläubigkeit an RCTs, kontrollierte Studien und Metaanalysen nicht unbedingt ein Garant für die wissenschaftliche Validierung von Daten ist, wurde in der kritischen Analyse der Evidenzbasierten Medizin deutlich. RCTs und kontrollierte Studien sind Ausdruck einer ganz bestimmten pathologischen Sicht.

> „RCTs und Methaanalysen repräsentieren einen Weg wissenschaftlicher Erkenntnisfindung, der davon ausgeht, dass die Wirksamkeit einer ärztlichen Intervention durch sta-

tistische Untersuchung an großen Kohorten von Patienten wahrheitsnah geprüft werden kann" (PORTWICH 2005: 320).

Sie sind ein klares klinisches Design zur Erfassung von Krankheiten und/oder Therapieverläufen etc.

Somit müssen diese Studiendesigns zumindest für den Teil der psychosozialen Beeinträchtigungen kritisch hinterfragt werden (vgl. S. 49).

Beispielsweise wurden in einer kontrollierten Studie von BUDNEY (nicht randomisiert; trotzdem Evidenzlevel K1) (vgl. BUDNEY 2003; zitiert nach PETERSEN, THOMASIUS 2007: 62) 18 Cannabiskonsumenten als Untersuchungsgruppe und 12 Ex-Cannabiskonsumenten als Kontrollgruppe für 31 Abstinenztage untersucht. Es wurden Symptome wie z.b. Ruhelosigkeit, Unbehagen, Appetitlosigkeit beobachtet. Dies einseitig auf eine Abhängigkeitserkrankung des Cannabiskonsums zurückzuführen, sollte methodisch vermieden werden, wie KLEIBER und KOVAR deutlich gemacht haben.

Lässt sich ein Merkmal von einem anderen Merkmal, welches zuvor gemessen wurde, gut vorhersagen, dann bedeutet dies noch nicht, dass das vorherige Merkmal tatsächlich das spätere Merkmal beeinflusst (vgl. KLEIBER, KOVAR 1998: 96).

Auch so genannte Dritt-Variablen (mögliche andere Aspekte, durch die das beobachtete Merkmal entsteht) können nicht gänzlich ausgeschlossen werden, wodurch sich die Ergebnisse relativieren und kausale Zusammenhänge sich nicht formulieren lassen.

LINDEMEYER fasst das Problem zusammen:

„Dabei beginnt die Suchtforschung nach jahrelangem Bemühen um Evidenzbasierung im Gesundheitswesen zu realisieren, das zwischen randomisierten Studien und der Alltagsrealität ein so großer qualitativer Unterschied besteht, dass der empirische Beweis noch aussteht, ob sich die tatsächliche Versorgung von Suchtkranken durch die Verbreitung evidenzbasierter Behandlungsmodule wirklich verbessern lässt" (LINDEMEYER 2007: 54)

Wie schon im Kapitel über EBM beschrieben, sind nicht nur RCTs und Metaanalysen in ihrer Aussagekraft beschränkt, auch bei Case-Controll-Studien lässt sich beispielsweise keine Kausalität ableiten. Dies wurde in der Studie aber durchgängig gemacht.

So wurden z.B. Zwillingspaare untersucht (LINSKEY 2004; zitiert nach PETERSEN, THOMASIUS 2007: 81), wo bei einem Zwilling der jeweiligen Zwillingspaare eine Cannabisabhängigkeit diagnostiziert worden ist. Ein größerer Teil der „Cannabisabhängigen" hat laut dieser Studie Suizidgedanken. Daraus den Schluss zu ziehen, dass dieses auf den Cannabiskonsum zurückzuführen ist (vgl. PETERSEN, THOMASIUS 2007: 81), geschweige denn auf die rein pharmakologische Wirkung von THC, ist nach den analysierten Gesichtspunkten nicht möglich.

Die einseitige Interpretation wird auch im folgenden Beispiel deutlich. Cannabis-konsumenten wurden hinsichtlich ihrer Fahrtauglichkeit geprüft. Cannabisabhängige haben laut der Studie von MCDONALD (2004) eine signifikant höhere Zahl an Ver-kehrsverstößen (nicht Verkehrsunfällen!), im Gegensatz zu ihrer Kontrollgruppe (vgl. PETERSEN, THOMASIUS 2007: 136). Dies hat einen höchst spekulativen Charakter. Doch nutzen die Autoren Studien dieser Art, um Aussagen zu begründen, wie:

„Akuter Cannabiskonsum führt zu einem signifikant erhöhten Risiko, im Straßenver-kehr einen Unfall zu verursachen" (ebd.: 157).[13]

Wenn A (hier Cannabiskonsum) und B (hohes Risiko im Straßenverkehr) beob-achtet werden, lässt sich nicht ableiten, dass A auch B hervorruft.

Hier ist zu erwähnen, dass eine generelle Beeinträchtigung von einer psychoakti-ven Substanz wie THC nicht bestritten werden soll. Es soll gezeigt werden, dass trotz der methodischen Härte und der klinischen Gläubigkeit, dass RCTs und kontrollierte Studien eine wirkungsvolle Art sind, (phänomenale) Wirklichkeit zu erfassen, immer noch ein großes Intervall an interpretativen Aspekten vorhanden ist, und das produ-zierte „Wissen" im System Labor unter kontrollierten Umständen als selektiv und konstruiert anzusehen ist (vgl. S. 77).

„Je weniger ‚natürlich' die Situation eines Experimentes ist, desto weniger sind dessen Ergebnisse auf alltägliche Situationen zu verallgemeinern" (KLEIBER, KOVAR 1998: 97)

„Sowohl in der Bewertung eines möglichen therapeutischen Nutzens als auch in der Beurteilung gesundheitlicher Konsequenzen bezieht sich die medizinisch orientierte Cannabisforschung eher auf hypothetische, experimentell unter Laborbedingungen ge-wonnene Annahmen als auf verifizierte, verallgemeinerbare Erkenntnisse" (SCHNEIDER 1995: 51).

Die psychosozialen Folgen in dieser dramatisierenden Art und Weise zu prokla-mieren (vgl. S. 46) muss unter den analysierten Kritikpunkten des wissenschaftli-chen Betriebs, auf eine vorurteilsbehaftete, klinisch-psychiatrische Sichtweise redu-ziert werden. Die in eben diesem Kontext als verzerrend, die „Wirklichkeit" einseitig konstruierend, beschrieben werden kann. Psychosoziale Aspekte sind multikausal zu erklären (vgl. REUBAND 1994: 170). Pathologische Studiendesigns wie ein RCT und ähnliche Studiendesigns werden den vielfältigen Möglichkeiten zur Entstehung und Beschreibung psychosozialer Probleme nicht gerecht.

Ein weiterer Punkt ist, dass Metaanalysen nicht davor gefeit sind, Studien mit aufzunehmen, die falsche Interpretationen liefern und kritiklos in die Analyse mit

---

13. Studien die verwendet wurden, haben aber auch gezeigt dass akut intoxikierte Konsumenten vorsich-tiger fahren und damit der Cannabiskonsum nicht zu einer Beeinträchtigung führe (vgl. PETERSEN, THOMASIUS 2007: 157).

eingeflossen sind (vgl. S. 50). In der Expertise von PETERSEN und THOMASIUS wurde versucht, diesen Aspekt zu eliminieren, indem die Studien von einem extra geschulten Expertenteam nach festgelegten Relevanzklassen ausgewertet wurden. Doch tangieren die Relevanzklassen lediglich Aspekte der Fragestellung sowie die Relevanz der Studien und ihr entsprechendes Design, für das übergeordnete Studienziel (vgl. Tabelle 1, S.7), nicht die Qualität der Studien. Qualitätssicherung ist hier die Hierarchie der Evidenz (vgl. Tabelle 2, S.7), die aber lediglich das Studiendesign einer Studie bemisst. Ob z.B. ein RCT nun wirklich die passende methodische Form für die explizite Fragestellung ist, geht daraus nicht hervor. Wenn ein RCT nicht valide Daten liefert, wird eine fälschliche Aussage für wahrgenommen, weil RCTs eine uneingeschränkte Autorität hinsichtlich ihrer Aussagekraft beigemessen wird.

Hier sei noch einmal angemerkt, dass es nicht darum geht, eventuelle negative Auswirkungen von Cannabiskonsum anzuerkennen, sondern es geht darum, wissenschaftliche „Erkenntniswege" in ihrer allgemeingültigen Aussagekraft kritisch zu hinterfragen.

Es ist wichtig, sich diese Gedanken bei der Auswertung von klinischem Material und empirischen Studien bewusst zu machen, um nicht unkritisch und unhinterfragt selektiv entstandenes Wissen anzunehmen.

Vergleicht man das Vorgehen von PETERSEN und THOMASIUS mit dem von KLEIBER und KOVAR, wird deutlich, dass in der Studie von letztgenannten, sich solchen Problemen vermehrt angenommen wurde (vgl. KLEIBER, KOVAR 1998: 90-102). Das „Qualitätsmanagement" der „Hierarchie der Evidenz" einseitig zu überlassen, scheint dem vielschichtigem Thema nicht gerecht zu werden.

Auf eventuelle Schwachstellen wird von den Autoren sogar selbst hingewiesen.

Bei mehr als zwei Dritteln der verwendeten Studien sind Limitationen zu finden, also Kritikpunkte an den Studien, die die Kausalität und Aussagekraft einschränken. Limitationen sind beispielsweise zu kleine Stichproben, das Fehlen von Informationen zum Ausmaß des Cannabiskonsums vor und während der Behandlung (z.B. von untersuchten Cannabiskonsumenten, die an Psychosen leiden), fehlende Urinkontrollen bei Cannabiskonsumenten, die auf eventuelle Entzugserscheinungen im abstinenten Zustand untersucht werden sollten etc.

Dazu konstatieren die Autoren:

> „Das Ideal in ihrer Gesamtheit (wiederholte Urinkontrolle/Haaranalyse, stationäre Unterbringung) wird jedoch von keiner Studie verwirklicht" (PETERSEN, THOMASIUS 2007: 118).

Somit hat keine der Studien die statistische Power, um als wirklich valide angesehen zu werden, wodurch nochmals angemerkt werden muss, dass kausale Aussagen in dem Maße nicht getroffen werden dürfen und der Cannabisdiskussion die Expertise kaum als Orientierungspunkt dienen kann, um zu einer „objektiven" Einschätzung der Gefahren von Cannabiskonsum zu kommen.

Das Datenmaterial zu neurokognitiven Auswirkungen verdeutlicht das eben Gesagte (ebd.: 100-135). Die Autoren haben die Akut- und Langzeiteffekte von Cannabiskonsum auf das neurokognitive System nach erfassten Domänen tabellarisch geordnet und kommentiert. Aus den Tabellen wird ersichtlich, dass insbesondere bei den Langzeitwirkungen ein erwähnenswerter Teil der Studien die Effekte und Beeinträchtigungen von Cannabiskonsum nicht feststellen konnte.

Folgende Tabelle ist eine Übersicht über die acht von den Autoren gefundenen Studien zu Akuteffekten von Cannabiskonsum.

Tabelle 9: Übersicht über die kontrollierten Studien zu Cannabisakuteffekten (vgl. PETERSEN, THOMASIUS 2007: 113 Tabelle 23)

Untersuchungsbereich	Beeinträchtigung	Kein Effekt
Aufmerksamkeit	6,7	4
Abstraktion	4	6
Gedächtnis	1,2,4,7	6
Psychomotorik		4
Reaktionszeit	2,6,7	4
Motivation	5	

Also haben beispielsweise Studie 6 und 7 Beeinträchtigungen im Bereich der Aufmerksamkeit gefunden, Studie 4 aber nicht. Von einem eindeutigen Ergebnis kann also nicht gesprochen werden.

Die Langzeiteffekte von Cannabis wurden in 41 Studien von den Autoren untersucht. Auch hier wurde eine Übersicht über die Studien zu Langzeiteffekten von Cannabis gegeben (bei Ausschluss von Studien ohne Urinkontrolle).

Tabelle 10: Übersicht über die Studien zu Langzeiteffekten von Cannabis bei Ausschluss von Studien ohne Urinkontrollen (vgl. ebd.: 119 Tabelle 26)

Untersuchungsbereich	Beeinträchtigung	Kein Effekt
Aufmerksamkeit	12, 31, 34	2,6,7,25,28,35
Abstraktion	5,6,11,23,35	2,7,25,28
Gedächtnis	2,5,6,7,12,23,25,35	13,28
Psychomotorik	23	
Allgemeine Intelligenz	2,4,5,6,7	
Reaktionszeit	24	28,31,34

Bei einem Verhältnis von 1:3 bei der Reaktionszeit beispielsweise, wird deutlich, dass das Datenmaterial nicht so eindeutig ist, wie der Eindruck beim Lesen erweckt wird. Vergleicht man das Datenmaterial (mit einer eher geringen statistischen Power) mit den Aussagen der Autoren zu den Akut- und Langzeiteffekten (vgl. S. 15) wird eine einseitige Argumentation auffällig. Es wurden nur Studien zugelassen, die eine Beeinträchtigung untersuchten (was, wie erwähnt, schon eine einseitige Selektion ist). Wenn diese dann keine eindeutigen Ergebnisse liefern, also Ergebnisse, die zu diskutieren wären, mit gewichtigen Ausdrücken wie *signifikant, valide und belegt* zu untermauern, ist aus wissenschaftlicher Perspektive unvernünftig und der gegenwärtigen Diskussion nicht dienlich, da solche Ergebnisse nicht die nötige Evidenz innehaben und somit für die „scientific community" nur bedingt zu gebrauchen sind.

Dies wird in der Tabelle zur psychischen Belastung im Zusammenhang mit Cannabiskonsum noch deutlicher. 40 Studien wurden ausgewertet, nach entsprechenden Domänen unterteilt und nach den unterschiedlichen Befunden eingeteilt.

Tabelle 11: Studienlage zur psychischen Belastung im Zusammenhang mit Cannabiskonsum (vgl. ebd.: 80: Tabelle 19)

Merkmal	Befund erhöhter Belastung	Kein Befund erhöhter Belastung
Ängstlichkeit	10,14,31,38	11,13,21,22,30,39
Depressivität	1,5,6,7,8,10,15,17,19,31,33,36,38	5,6,11,12,13,14,22,30,39
Aggressivität	10	30
Suizidalität	2,3,7,8,29	7,37

Bei dem Merkmal Ängstlichkeit ist beispielsweise ein Verhältnis 4:6 zu verzeichnen, was das eben Gesagte nochmals verdeutlicht.

Ein weiterer Punkt, der die Aussagekraft der Expertise einschränkt, ist, dass die Ergebnisse der verwendeten Studien nicht konvergent sind, sowie auch der immanente Punkt der niedrigen Evidenz der verwendeten Publikationen. Wie im oberen Teil beschrieben, sind zu den
– Organmedizinischen Auswirkungen von 46 Studien 7 der Evidenzklasse K1 und K2 zuzuordnen. Die restlichen 39 Studien sind den Studiendesigns zuzuordnen, die eben nicht zuverlässig valide und repräsentativ sind.
– Psychosozialen Auswirkungen: Von 105 Studien sind 44 den hohen Evidenzleveln zuzuordnen. 61 der Studien haben also eine geringe Aussagekraft inne.
– Neurokognitive Auswirkungen: 85 Studien von denen 27 dem höheren Evidenzlevel K1 und K2 zuzuordnen sind. 58 Studien sind also betreffend ihrer Aussagekraft als niedrig anzusehen.

Somit sind valide Aussagen nicht zu erwarten (auch wenn man in den gewählten Studiendesigns einen Weg sieht, der (phänomenale) Wirklichkeit beschreiben kann). In keinem Themenfeld konnte die Hälfte der Studien ein hohes Evidenzlevel erreichen (bei den organmedizinischen nicht einmal ein Viertel). Trends und Prognosen lassen sich evtl. ableiten und Fragen und Hypothesen können formuliert werden. Doch die absolute Rhetorik kann einen anderen Eindruck entstehen lassen.

Weiterhin wird deutlich, dass das einseitige Aufzeigen von pharmakologischen Cannabiseffekten immer wieder erwähnt wird. Dies kann beim Leser eine erhöhte Besorgnis forcieren. Pharmakologische Effekte sind außerhalb der individuellen Kontrolle und haben somit einen besonderen Stellenwert beim Einschätzen von Gefahren psychoaktiver Substanzen, womit eine spezielle Richtung vorgegeben wird.

Die weit verbreitete Kategorisierung, dass psychoaktive Substanzen pauschal als pharmakologische Gefahr deklariert werden, negiert, dass Menschen kaum psychoaktive Substanzen konsumieren, um süchtig zu werden. Die Etikettierung hat etwas Zwangsläufiges, welches unausweichlich auf die Ausbildung einer Sucht hinausläuft. Man spricht von dem pathologischen oder Defizit-Paradigma (vgl. Hess 2007: 9; Reuband 1994: 21). Der Konsum ist Ausdruck von ungelösten Problemen. Der Konsument versucht durch den Konsum von psychoaktiven Substanzen diesen zu entgehen.

Dagegen sind wie z.B. bei der Risikoabschätzung des Cannabiskonsums bei Kleiber (vgl. S. 55) wesentlich mehr Faktoren beim Entstehen von riskanten Konsummustern beteiligt, als rein problemzentrierte Theorien und pharmakologische Aspekte.

Bei einer sauber durchgeführten Studie hätten solche Beschreibungen größere Beachtung finden müssen.

Dramatisierende Formulierungen, die die evtl. pharmakologischen Gefahren von THC in den Vordergrund stellen, durchziehen die gesamte Expertise. Ein prägnantes Beispiel finden wir bei Aussagen betreffend der Abhängigkeitsentwicklung:

„Hinsichtlich der Thematik der Abhängigkeitserkrankungen im Zusammenhang mit Cannabiskonsum zeigt der Befund deutlich, dass durch den Cannabiskonsum ein Abhängigkeitssyndrom entstehen kann und regelmäßig und keinesfalls selten auch Symptome einer körperlichen Abhängigkeit (Toleranzbildung, Entzugssymptom) ausgebildet werden können" (Petersen, Thomasius 2007: 151).

Auf Probleme von Studien dieser Art haben mehrere Autoren schon hingewiesen. Studien, die das Thema Cannabisabhängigkeit fokussieren, rekrutieren sich zum größten Teil aus dem psychiatrischen Bereich, wodurch eine systematisch verzerrte Auswahl untersucht wird. Es ist nicht analysiert worden, ob es Cannabiseffekte gibt, die ohne jeden zusätzlichen Konsum anderer illegaler Substanzen auftreten (vgl. Kleiber 2005: 13,14).

„Vor allem die Repräsentativität der Stichprobe stellt für den gesamten Bereich der Drogenforschung ein Problem dar. Ausgelesene, klinisch auffällige Untersuchungsstichproben (z.B. Psychatrie-Patienten, straffällig gewordene Jugendliche oder Heroin-abhängige) sind eindeutig nicht repräsentativ für ‚Cannabiskonsumenten' im allgemeinen" (KLEIBER, KOVAR 1998: 98).

Pharmakologisch ausgerichtete Studien dieser Art lassen die Lebenswelt der Konsumenten außen vor.

> „Es stellt sich die Frage, wie derartige Studien, die die unmittelbar Betroffenen in ihrem Lebensraum nicht einbeziehen, eine Verbindung von Antezedenzien mit Konsequenzen des Drogenkonsums erfassen wollen" (SCHNEIDER 1995: 70).

Weiterhin ist zu erwähnen, dass bei solchen Aussagen, sich die Risiken auf eine prävulnerable Teilgruppe von etwa ein bis fünf Prozent aller Konsument/innen, bei denen in der Tat ein Abhängigkeitsrisiko, gegebenenfalls der Ausbruch latent vorhandener Schizophrenien und- dem chronischen Gebrauch- Entwicklungsverzögerungen zu befürchten sind (vgl. KLEIBER 2005: 16).

HEINO STÖVER geht noch einen Schritt weiter:

> „Vor diesem Hintergrund ist dringend zu überprüfen, ob die diagnostischen Instrumente zur Bestimmung von Abhängigkeit wie (der im Beratungsalltag einzusetzende) ICD-10 oder die SDS ohne Einschränkung auf Cannabiskonsumenten angewendet werden können. Die Gefahr scheint hier groß zu sein, Fehldiagnosen zu stellen und junge Menschen zu stigmatisieren" (STÖVER, KALKE, VERTHEIM 2005: 114).

Ein weiteres Beispiel für einseitige pharmakologische Argumentationsstränge wird bei dem folgenden Ausschnitt deutlich:

> „Konsumenten von Heroin, Kokain und Ecstasy haben ihren Substanzkonsum mit alkoholischen Getränken und Zigaretten begonnen und als erste illegale Substanz Cannabis konsumiert, bevor sie weitere illegale Drogen probiert haben. […] Warum Cannabis allerdings in der Regel die erste der konsumierten illegalen Drogen ist, bleibt unklar. Wenn nur einfach die am ungefährlichsten eingeschätzte Droge zunächst probiert wird, stellt sich die Frage, warum die Risikoeinschätzung für die Wahl der auf Cannabis folgenden Drogen nicht mehr bestimmend ist" (PETERSEN, THOMASIUS 2007: 150).

Im nächsten Abschnitt wird Bezug auf die „Gateway-Hypothese" (vgl. S. 57) genommen. Weiterhin ist zu lesen:

> „Dieser legt nahe, dass Cannabis die als angenehm erlebten Effekte anderer psychotroper Substanzen möglicherweise verstärkt. […] dass es in Zukunft möglicherweise einen pharmakologischen Beitrag zur Erklärung der Gateway-Hypothese geben mag" (ebd.: 150).

Hier ist zu erwähnen, dass insbesondere bei diesem Themenfeld sich die Autoren auf Überlegungen aus dem tierexperimentellen Bereich stützen.

„Aus der tierexperimentellen Forschung gibt es deutliche Belege für neuroadaptive Prozesse bei chronischer Applikation von THC im Sinne einer Toleranzbildung" (ebd. 156).

Hier wird bewusst eine gewisse Theorie aufgenommen, die von Eisenmeier formuliert wurde und auch eine pathologisch/pharmakologische Sicht des Cannabiskonsums im Sinne des Defizit-Paradigmas forciert.

„Nach meiner Erfahrung entsteht durch THC eine äußerst starke Abhängigkeit. Nach dem Kindling-Modell hat sich durch das Triggern mit dem Suchtmittel ein Suchtgedächtnis ausgebildet, das (point of no return), plötzlich irreversibel, aber auch wie eine Währung gegen ein anderes Suchmittel austauschbar ist" (EISEMMEIER 2003: 36).

Wenn man die Überlegung des „point of no return" zu Ende denkt, kommt man zu folgendem Schluss: Wenn es ein irreversibles Suchtgedächtnis gibt, muss geschlussfolgert werden, dass der ganze Drogenverwaltungsapparat, Drogenforschung und Drogenpolitik, sowie der Repressionsapparat überflüssig wären, hätten keinen Sinn mehr (vgl. SCHNEIDER 2007: 8).

Forschungen und Aussagen, die sich pharmakologisch/medizinisch dem Themenfeld Cannabiskonsum nähern wollen, sind legitim. Doch hat unter wissenschaftlichen Aspekten eine vielfältige Darstellung, bei einem Datenmaterial, welches interpretative Schlüsse zulässt, eine hohe Priorität. Die immer wiederkehrende, einseitige Reduktion auf die pharmakologische Gefahr einer Beeinträchtigung von THC-Applikation ist zu verkürzt, um das gesamte Themenfeld abzudecken. Argumentationsstränge, wie die eben dargelegten, lassen sich immer wieder in der Expertise finden.

Dazu muss noch angemerkt werden, dass z.B. Studien, die von der Expertise verwendet wurden, „Cannabisabhängigkeit eher für eine Gewöhnung an eine Substanz als für eine Abhängigkeitserkrankung" halten (PETERSEN, THOMASIUS 2007:151).

Die rein pharmakologische Argumentation, verbunden mit dem Bezug auf das Defizit-Paradigma, ist wie schon erwähnt als eine verkürzte Darstellung anzusehen, wenn man die vielseitigen Erklärungsmodelle z.B. aus psychoanalytischen, motivationstheoretischen, sozial-lerntheoretischen, sozialisationstheoretischen, ökologischen sowie der multifaktoriellen Theorie zur Drogengebrauchsgenese betrachtet (vgl. SCHNEIDER 2000: 100). Eventuelle andere Gründe für einen Konsum und der evtl. damit verbundenen Beeinträchtigungen (Sozialisation, Umwelteinflüsse, Bildung, soziale Herkunft, Peer-Group, Konsumumstände, Einstellung und persönliche Bedeutung des Drogenkonsums), finden kaum Beachtung in der Formulierung, geschweige denn eine Argumentation, in der andere Diskussionsparadigmen, die Drogenkonsum aus anderen Gründen als Defizite und Probleme erklären, Gehör finden.

Eine relativierende Aussage, die das Thema tangiert, ist einmalig im letzten Kapitel zu finden.

„Solange nicht erklärt werden kann, warum Cannabiskonsum nicht in allen Drogenkonsumenten die Drogenaffinität erhöht oder die Entwicklung einer psychotischen Störung begünstigt, können von der pharmakologischen Wirkung des Cannabis unabhängige Erklärungsalternativen nicht ausgeschlossen werden" (PETERSEN, THOMASIUS 2007: 161).

Auch scheinen die zum Teil eben genannten kritischen Fachartikel zu Instrumenten und Methoden z.B. zu epidemiologischen Daten etc. von Fachkollegen, in anerkannten Zeitschriften, zu wenig Einfluss in der Expertise gehabt haben (vgl. STÖVER (2005), GASSMANN (2005), SCHNEIDER (2000), KLEIBER (2005), KLEIBER/KOVAR (1998) etc.). Kritische Auseinandersetzungen zu Methoden, Messungen von süchtigem Verhalten und Diagnosekriterien sucht man vergebens.

Es spricht nichts dagegen, aus klinisch-psychiatrischer Sicht ein Themenfeld zu untersuchen (es kann der Diskussion sogar enorme Dienste erweisen). Dieses sollte aber kenntlich gemacht werden, wie es z.b. MARTIN HAMBRECHT in seinem Essay „Schöne neue Welt – Cannabis für alle? – Anmerkungen aus psychiatrischer Sicht" tut. Dort wird ebenfalls auf die Gefahren des Cannabiskonsum verwiesen, aber es wurde kenntlich gemacht, aus welcher Perspektive und unter welchen selektiven Rahmenbedingungen der Autor sich dem Forschungsgegenstand genähert hat (vgl. HAMBRECHT 2003: 179).

Eine perspektivische Herangehensweise, ohne dieses Vorgehen kenntlich zu machen, sollte im wissenschaftlichen Kontext nicht passieren.

Bleibt festzuhalten:

Organmedizinischer Bereich:
- 48 Studien beschäftigten sich mit positiven Effekten einer THC-Applikation, nur 46 mit Beeinträchtigungen. Die 48 Studien bewusst auszuklammern (entgegen des Forschungsauftrags), ist aus wissenschaftlicher Perspektive nicht zu tolerieren und macht eine neue *sachliche* Neubewertung zumindest für diesen Bereich unmöglich.
- Die Studien haben eine zu geringe Evidenz inne (nicht einmal ein Viertel erreichen ein höheres Evidenzlevel), um solche allgemeingültigen Aussagen zu treffen. Gerade im „klinischen Teil" hätte man höherwertige Studien verwenden müssen. Wenn diese nicht vorhanden sind, ist es unter wissenschaftlichen Aspekten nicht möglich, kausale Aussagen zu treffen, wie es in der Expertise gemacht worden ist.
- Es wurden keine klaren Angaben zu reinen Cannabiseffekten gegeben. In den meisten der verwendeten Studien gibt es keine Hinweise auf eine klare Trennung zwischen Alkoholkonsum, Tabak und Cannabis und die damit verbundenen Effekte. Auch war keine Unterscheidung von Cannabis und Haschisch zu finden. Somit wird nicht klar ersichtlich, ob die Beeinträchtigungen auf den Cannabiskonsum zurückzuführen ist.

– Tierversuche lassen sich nicht unmittelbar auf den Menschen beziehen. Auch sind die THC-Dosen, die den Ratten und Versuchstieren verabreicht werden, so hoch dosiert, wie es beim Menschen durchs Rauchen oder Essen in der Regel nicht vorkommt, womit Studien dieser Art äußerst fragwürdig betreffend ihrer Aussagekraft sind.

Psychosozialer Bereich:
– Studiendesigns sind nicht in allen Fällen geeignet, um psychosoziale Aspekte zu beschreiben.
– Das vorgelegte Datenmaterial lässt kausale Aussagen nicht zu, sondern die Ergebnisse lassen eine Bandbreite an Interpretationen zu und sollten diskursiv und nicht als Faktum beschrieben werden.
– Aus Fragebögen kausale Schlüsse zu ziehen, ist methodisch kritisch zu sehen.
– Eine kritische Stellungnahme zu verschiedenen Instrumenten und Methoden (z.B. einseitige psychiatrische Sicht, Kritik an ICD-10 etc.), wäre wünschenswert.
– Durchweg dramatisierende Rhetorik, die dem modernen Diskussionsparadigma nicht mehr gerecht wird.
– Eventuelle stabilisierende Aspekte aus entwicklungspsychologischer Sicht werden überhaupt nicht erwähnt.
– Multikausale Faktoren der Drogeanamnese werden nicht genannt.
– Die Versuche, Cannabisgebrauch unter dem Defizit-Paradigma zu untersuchen und die einseitig formulierten negativen Auswirkungen, verbunden mit den einseitigen pathologischen Studiendesigns, können den Prozesscharakter und die wechselseitigen Beeinflussungsmöglichkeiten von Umwelt, Person und Droge für den psychosozialen Bereich nicht adäquat aufschlüsseln.

Neurokognitiver Bereich:
– Das Datenmaterial für die Aussagen hat nicht die nötige statistische Power inne (Datenmaterial widerspricht sich zum Teil). Keine der Studien hat in ihrer Gesamtheit Qualitätskriterien wie Urinkontrollen und stationäre Unterbringung verwirklicht. Nur bei zwei der verwendeten Studien lassen sich keine Limitationen finden.
– „Der Forschungsstand wirkt lückenhaft" (PETERSEN, THOMASISUS 2007: 156)
– Die verwendeten Studien haben ein zu geringes Evidenzlevel, um die getroffenen Aussagen statistisch zu belegen.
– Veränderungen (z.B. des Blutflusses) konnten nach THC-Applikation beobachtet werden, doch ist beim jetzigen Entwicklungsstand von sog. bildgebenden Verfah-

ren[14] die Möglichkeit, valide Aussagen zu machen, noch nicht gegeben. Es lassen sich Veränderungen beobachten, doch welche Auswirkungen diese haben, lässt sich beim jetzigen Forschungsstand nicht klar definieren.

8.2 Reaktionen der Fachöffentlichkeit

Wie eben analysiert, ist die Studie nicht mit der nötigen Objektivität, die man hätte erwarten dürfen, durchgeführt worden. Eine Studie, die eine einseitige Sicht forciert, bleibt von der Fachöffentlichkeit nicht unkritisch und unhinterfragt stehen, sondern wird diskursiv behandelt.

Kritik an der Studie kam nicht nur von der Politik seitens Bündnis90/Grünen, sondern auch von anerkannten Sucht- und Drogenforschern. Auch wurde nicht nur Kritik an der Expertise selbst, sondern auch an dem Vorgehen des BMG und den Autoren genannt.

Kritik am Vorgehen wurde von z.B. den Grünen, dem Deutschen Hanfverband (DHV) sowie von Autoren und Forschern wie Böllinger und Quensel geäußert.

Hauptkritikpunkte waren unter anderem, dass die Studie intern vergeben worden ist. Es gab keine Ausschreibung, sondern der Auftrag, der mit 65.000 Euro dotiert war, wurde direkt an Rainer Thomasius vergeben (vgl. WÜRTH 2005: 1).

Das THOMASIUS in der Fachwelt, in Bezug auf Cannabis, stark kritisiert wird und seine methodischen Kompetenzen von verschiedenen Autoren als fragwürdig gesehen werden, scheint bei der Entscheidung keine Rolle gespielt zu haben.

Bei der Studie von KLEIBER und KOVAR wurden zwei Autoren gewählt, die eine unterschiedliche Meinung betreffend der Gefahren von Cannabiskonsum vertreten, wodurch Sachlichkeit gefördert wird. Bei den Autoren PETERSEN und THOMASIUS dagegen ist von einer gleichen Meinung auszugehen, wie aus den oben beschriebenen Punkten hervorgeht.

In der Pressemitteilung des DHV haben sich führende Suchexperten zu dem Themenbereich geäußert und sollen dem Leser nicht vorenthalten werden.

Dazu Professor Quensel:

> „Schon die von THOMASIUS herausgegebene und betreute Ecstasy-Studie wies vor allem in dem von ihm betreuten Teilgebiet erhebliche methodische Mängel auf. Eigene Forschungsarbeiten auf dem Cannabis-Gebiet liegen zumindest in publizierter Form nicht vor. Es existiert lediglich ein Übersichtsartikel in der Zeitschrift Blutalkohol, den THOMASIUS mit mehreren anderen Autoren zusammen verfasst hat. Es fällt auf, dass er

---

14. Bild gebende Verfahren ermöglichen es, die an an den Cannabiswirkung beteiligte Hirnareale und die mit diesem Arealen im Zusammenhang stehende neuropsychologischen Prozesse zu charakterisieren.

mehrfach höchst überzogene und kaum zutreffende Aussagen zu Cannabis abgibt, bei denen er seine Praxiserfahrungen in einer wissenschaftlich unmöglichen Weise verallgemeinert. Im Vergleich zu den Verfassern der bisherigen Expertisen im In- und vor allem im Ausland (zuletzt: MINISTRY OF PUBLIC HEALTH OF BELGIUM: Cannabis Report August 2002) wirkt THOMASIUS kaum als besonders qualifiziert"(vgl. DHV 2005).

Professor BÖLLINGER:

„Mit den Cannabisstudien von KLEIBER/KOVAR und anderen Arbeiten, z.b. von KLEIBER/ SÖLLNER liegen hervorragende Studien vor. Grundsätzlichen Bedarf für neuere Untersuchungen des Forschungsstandes sehe ich nicht. Lediglich eine Aktualisierung in Bezug auf jüngere Forschungsberichte wären sinnvoll. Dafür gäbe es neben Professor KLEIBER noch eine Vielzahl anderer Wissenschaftler, die dafür wesentlich geeigneter wären als Thomasius (ebd.)."

Dr. med. FRANJO GROTENHERMEN:

„Professor THOMASIUS wirbt durch eine Skandalisierung der Thematik auch erfolgreich um Geldmittel. Wie sich erneut bewahrheitet, stellt die mediale Dramatisierung in der heutigen Zeit durchaus ein Erfolgsmodell dar. Das ändert aber nichts daran, dass Professor THOMASIUS aus wissenschaftlicher Sicht regelmäßig vor allem seine Inkompetenz demonstriert. Ich bin wenig überrascht, dass die Politik, bei der Klappern ebenfalls zum Geschäft gehört, so prompt darauf hereinfällt. Bestürzend ist es dennoch. Ich hätte mir von der Politik mehr Sorgfalt bei der Vergabe von Forschungsgeldern erhofft" (ebd).

Dr. med. GROTHENHERMEN unterstützt auch die analysierte einseitig psychiatrische Sicht.

„Er hat eine sehr eingeengte bzw. selektive Sicht auf den Cannabis-Konsum und Cannabis-Konsumenten. Einige seiner Aussagen treffen zu, viele sind jedoch entweder übertrieben oder unsinnig. Diese eingeengte Sichtweise hat seine Ursachen möglicherweise im Tätigkeitsfeld des Autors. Er ist Psychiater an einer Universitätsklinik und hält die Realität, die ihm dort begegnet, für die Wirklichkeit. In diese psychiatrische Falle ist nicht nur Prof. THOMASIUS gegangen, sondern vor ihm bereits andere, beispielsweise Professor KARL-LUDWIG TÄSCHNER, Ärztlicher Direktor der Klinik für Psychiatrie und Psychotherapie des Bürgerhospitals Stuttgart, der vor allem in den achtziger und neunziger Jahren auf eine übertriebene Art und Weise vor dem Cannabis-Konsum warnte" (GROTHENHERMEN, ebd. 2005)

Die eventuelle einseitige Herangehensweise an das Themenfeld Cannabiskonsum wird auch in der medialen Präsens von THOMASIUS deutlich.

Beispielsweise in einem Artikel der Welt am Sonntag vom 28.8.2005 mit der Schlagzeile „Haschpillen gegen Migräne", wo auch der medizinische Nutzen von verschiedenen psychoaktiven Substanzen berichtet wird.

„Drogen können heilen. Nicht nur Hasch, sondern auch die Partydroge Ecstasy und sogar LSD stehen im dringenden Verdacht, therapeutisch nutzbar zu sein" (KUPCZIK 2005).

"Psychiatrieprofessor RAINER THOMASIUS, Leiter der Drogenambulanz am Hamburger Universitätsklinikum, sorgt sich, dass durch positive Meldungen über Cannabis und andere Rauschmittel diese erst richtig hoffähig gemacht, ihre gefährlichen Wirkungen weiter bagatellisiert werden könnten" (ebd.).

Die dargelegten Äußerungen geben einen Eindruck, wie stark der Autor in seiner Sichtweise befangen ist.

Hier ist deutlich zu erwähnen, dass es nicht darum geht, Prof. Dr. Med. THOMASIUS seine Kompetenzen im therapeutischen Bereich abzusprechen oder die Arbeit seines therapeutischen Instituts zu deformieren. Es ist eher eine Kritik an dem saloppen Umgang mit Forschungsgeldern seitens der Bundesregierung. Wie schon erwähnt ist die Cannabisdiskussion durch Unsachlichkeit und Emotionalität gekennzeichnet. Ein Autor, der im medialen Diskurs schon mehrfach seinen Standpunkt und seine Antipathie gegenüber Cannabiskonsum geäußert hat, scheint nicht die nötige Objektivität mitzubringen, sich dem Thema vorurteilsfrei zu nähern.

GEORG WURTH (DHV) geht noch einen Schritt weiter, wie deutlich zwischen dem Schriftverkehr von ihm und dem Bundesgerichtshof wird.

„Jedenfalls ist der Verdacht sehr nahe liegend, dass das Ministerium das Gutachten bewusst deswegen an Thomasius vergeben hat, weil von ihm die gewünschten dramatisierenden Ergebnisse zu erwarten sind" (GEORG WÜRTH 2005).

Wenn man sich den politischen Kurs der Bundesregierung ansieht und die Hinwendung zu einem repressiven Umgang mit der Cannabisfrage, sind solche Formulierungen nicht gänzlich von der Hand zu weisen.

9. Schlussbetrachtung

Welche Bedeutung und Aussagekraft hat die Expertise also für die objektive Einschätzung hinsichtlich der Gefahren des Cannabiskonsums und wird durch die Expertise weitestgehende Objektivität gefördert?

Wie erwähnt wurde versucht Evidenzgeleitet den Forschungsstand von 10 Jahren systematisch zu erfassen. Das scheint auch gut gelungen zu sein.

Sorgfältig wurden diese Studien untersucht und aus dem Datenmaterial Aussagen abgeleitet. Um sich einen Überblick zu einem Themenfeld zu verschaffen ist dies eine notwendige Vorgehensweise. In der Zeit von 1998-2006 wurde in der Tat viel geforscht zum Thema Cannabis und wie THOMASISUS sagt:

> „ist bereits wenige Jahre nach Publikation der Expertise von KLEIBER und KOVAR (1998) eine deutliche Weiterentwicklung des Forschungsstandes zu konstatieren" (PETERSEN, THOMASISUS 2007: 1).

Doch muss nach der Analyse angemerkt werden, dass das Datenmaterial die getroffenen Aussagen in dem Ausmaß nicht zulassen, die Aussagen als überzogen angesehen werden müssen und die Studie einen deutlich vorurteilsbelasteten pharmakologisch-psychiatrisch verengten Fokus aufweist, womit die Studie nicht die nötige Evidenz hat dem Wissenschaftsbetrieb, noch der Politik noch Erziehern, Drogenhilfe, Eltern, Sozialpädagogen und allgemein der substanzbezogenen Prävention eine Orientierungshilfe zu sein.

Die Studie ist ein gelebtes Beispiel für die Verstrickung von eigenem Vorurteil, politischen Ideologien und Geschichten (im Sinne von Drogenmythen) und finanziellem Interesse.

Man bekommt den Eindruck, dass eine im Vorfeld bestehende Meinung mit Hilfe von fragwürdigen Evidenzklassen durchgesetzt wurde, um eine ganze Bevölkerungsschicht zu klientisieren und den politischen Kurs der Regierung zu legitimieren. Somit ist diese Expertise ein weiterer Beweis für die ideologisierte Diskursart, die eine objektive Einschätzung der Risiken nur erschweren und den medialen, politischen und gesellschaftlichen Diskurs um Jahre zurückwerfen.

Dass gerade Psychiatrie und Klinik Interesse an einer Dramatisierung haben, liegt auf der Hand. Das Gesundheitssystem ist an der Grenze der Belastbarkeit. Gelder werden nicht mehr so freizügig vergeben wie noch vor wenigen Jahren. Somit heißt Klientisierung auch, dass ein neuer Kundenstamm konstruiert wird, womit die Begründung für mehr Kapazität und Angebot deutlich leichter fällt.

Bleibt nur zu hoffen, dass Mechanismen dieser Art von kritischen Bürgern, Institutionen und Verbänden beleuchtet werden um zu einer Forschungsmentalität zu kommen, die die Verstrickung von Ideologie, Staat und finanziellen und subjektiven Interesse aufzulösen vermag.

Wenn dies in Bezug auf Cannabis nicht geschieht, ist dies mit einem ohnehin bestehenden Verlust der Glaubwürdigkeit von Drogenforschung und -hilfe einhergehend, was wiederum einen nicht abzusehenden Schaden für die (im Besonderen die jungen) Konsumenten hat. Da durch die unsachlich geführte Diskussion und die dramatisierende Rhetorik die gesellschaftlichen Institutionen keine Glaubwürdigkeit inne und jegliche Attraktivität für Jugendliche verloren haben, ist adäquate Prävention, Beratung und Hilfe nicht gegeben, da sie schlichtweg am Leben der Konsumenten vorbei läuft. Von der Kriminalisierung und deren Auswirkungen soll hier erst gar nicht gesprochen werden!

> „Cannabiskonsum wurde seit den 60er-Jahren des vergangenen Jahrhunderts von offizieller Seite nicht übertrieben sachlich gewürdigt. Die Behauptung seitens des Mainstreams aus Politik und Polizei deckten sich dabei weder mit den überwiegenden individuellen noch mit den Generationserfahrungen. Mit dieser Diskrepanz einer geht selbstredend ein inzwischen traditioneller Glaubwürdigkeitsverlust vorgeblicher Cannabis-‚Prävention' unter der Zielgruppe junger Konsument/innen" (GASSMANN 2005: 98).

Somit muss Sachlichkeit gefordert werden um denjenigen, die Probleme mit ihrem Konsum haben (1-5%), echte Hilfe anbieten zu können und denjenigen die einen „sozial integrierten" Konsum betreiben (95-99%), sachlich über evtl. Schäden zu informieren, und nicht von vornherein das Stigma eines eindeutig negativ belegten „Drogenmissbrauches" aufzuerlegen. Beispielsweise stellen zwangstherapeutische Maßnahmen für Jugendliche, die mit Cannabis strafrechtlich auffällig geworden sind, kaum Hilfestellungen dar, die das „Problem" beheben können.

> „Der Lösungsvorschlag, grundsätzlich jeden Konsumenten und nicht nur Abhängige einer Therapie zu unterziehen, kann in Anbetracht der Gefahren, die von Cannabis ausgehen kaum mit den verfassungsrechtlichen garantierten Grundsätzen der Verhältnismäßigkeit bzw. des Selbstbestimmungsrechts vereinbar sein" (KRUMDIEK 2006: 231).

Experten wie die von PETERSEN und THOMASIUS spielen natürlich dem repressiven Gang der Regierung in die Hände und machen, um Sachlichkeit bemühten Akteuren der Cannabisdiskussion (vgl. KRUMDIEK 2006; HESS 2007; GASSMANN 2005; REUBAND 1994; WERSE 2007; NEUMEYER 1995; STÖVER 2006; SCHNEIDER 2006; etc.) ‚die Arbeit deutlich schwerer, archivierte Gedankenmuster zu durchbrechen und zeitgemäße Lösungsansätze zu finden.

Das Diskussionsparadigma, mit dem in der Studie gearbeitet wurde, muss unter den analysierten Gesichtspunkten als veraltet und der aktuellen Parameter von Forschung als nicht angemessen bezeichnet werden. Dazu möchte ich als Abschluss noch die Gedanken von Prof. Dr. HENNER HESS (Direktor des Centre of Drug Research) erwähnen:

> „Wenn man von dieser zuletzt genannten Minderheit absieht und sich klarmacht, dass die ganz große Mehrheit der Drogenkonsumenten den Umgang mit den Drogen relativ gut beherrscht und aus ihren Wirkungen offenbar mehr Nutzen als Schaden zieht, kommt man auf ein anderes Paradigma, das die mit den Drogenkonsum zusammenhängenden Motivationen sinngebunden schlagwortartig erfasst und dass man hedonistisches oder Genuss-Paradigma genannt hat. Erklärt man den Drogenkonsum in diesem theoretischen Rahmen, erscheint er nicht mehr als rätselhaftes Ausnahmephänomen, sondern als ein für die Konsumgesellschaft geradezu kulturtypisches Verhalten" (HESS 2007: 10).

Bleibt nur zu hoffen, dass Studien und Autoren, die immer noch im Rahmen des pathologischen Defizit-Paradigmas Drogenkonsum erklären und behandeln, kein gesellschaftliches Gehör finden und die Politik derartige Forschungsaufträge in Zukunft vorsichtiger und mit Bedacht vergibt, damit sich ihre Entscheidungen wieder an der Lebenswelt der Betroffenen orientieren und nicht an abstrakt selektiv entstandenen Forschungsergebnissen befangener Wissenschaftler.

10. Literaturverzeichnis

ALBRECHT, M. (Hg.) (2005) Die individuelle und soziale Konstruktion von Wirklichkeit im Hinblick auf Zeit. Inaugural-Dissertation zur Erlangung des Doktorgrades der Philosophischen Fakultät der WWU-Münster

ANTES, G. (2002) EBM praktizieren: Wie erhalte ich die Antwort auf meine Fragen? In: PERLETH, M. & ANTES, G. (Hg.) Evidenzbasierte Medizin: Wissenschaft im Praxisalltag. München, 45-63

APA-Online. [Internetquelle] Verfügbar: http://www.zpid.de/retrieval/login.php

ÄRZTLICHE ZENTRALSTELLE FÜR QUALITÄTSSICHERUNG. [Internetquelle] Verfügbar: http://www.ebm-netzwerk.de/grundlagen/wasistebm (28.4.2008)

BARTENS, W. (1999) Evidence-Based Medicine und die Medizin unserer Zeit. In: FISCHER, M.R. & BARTENS, W. (Hg.) Zwischen Erfahrung und Beweis. Medizinische Entscheidungen und Evidence-based Medicine. Göttingen/Toronto/Seattle, 263-273

BERGER, P.L./LUCKMANN, T. (Hg.)(1974) Die gesellschaftliche Konstruktion der Wirklichkeit – Eine Theorie der Wissenssoziologie. Frankfurt am Main

BONET, U., HARIS-HEDER, K., LEWEKE, F.M., SCHNEIDER, U. & TOSSMANN, P. (2004) AWMF-Leitlinien Cannabis-bezogene Störungen. In: Neuronale Psychiatrie 72, 318-329

BUNDESZENTRALE FÜR GESUNDHEITLICHE AUFKLÄRUNG (BZGA) (2004) Die Drogenaffinität Jugendlicher in der Bundesrepublik Deutschland. Eine Wiederholungsbefragung der Bundeszentrale für gesundheitliche Aufklärung. [Internetquelle]. Verfügbar: http://www.bzga.de (20.2.2008)

BUNDESZENTRALE FÜR GESUNDHEITLICHE AUFKLÄRUNG (BzGA) (2007) Cannabiskonsum der Jugendlichen und jungen Erwachsenen. Ergebnisse der Repräsentativbefragung der Bundeszentrale für gesundheitliche Aufklärung. [Internetquelle] Verfügbar: http://www.bzga.de/?uid=465068e7bdba07cabe1b9fc506080844&id=Seite1417 (28.2.2008)

BULTMANN, T. (2005) Zur aktuellen Transformation der Wissenssysteme. In: KAINDEL, C. (Hg.) Kritische Wissenschaften im Neoliberalismus – Eine Einführung in Wissenschafts-Ideologie und Gesellschaftskritik. Marburg

BÜNDNIS 90 DIE GRÜNEN (1998) Drogenpolitische Forderung, sowie Wissenswertes zur Geschichte, Gebrauch, Wirkung und Gesetzeslage zu Hanf. [Internetquelle] Verfügbar: http://www.hanfbroschuere.de/ (21.5.2008)

CASPERS-MERK (2006) Deutscher Bundestag. 16 Wahlperiode: Drucksache16/349: 6.1.2006. Schriftliche Fragen mit den in der Zeit vom 27. Dezember 2005 bis 6. Januar 2006 eingegangenen Antworten der Bundesregierung. [Internetquelle] Verfügbar: http://64.233.183.104/search?q=cache:lk_YKvCme6QJ:www.akzept.org/dascannabisforum/download/feb_07/cannabis_anfragen_gr.pdf+gr%C3%BCnen+bender+thomasius&hl=de&ct=clnk&cd=1&gl=de&client=firefox-a.de (26.4.2008)

COCHRANE CENTRUM. [Internetquelle] Verfügbar: http://www.medizinalrat.de/Eb_Medicine/EbM_-_Theorie_und_Handwerkszeu/ebm_-_theorie_und_handwerkszeu.html (18.4.2008)

COCHRANE CENTRUM Studentenflyer. [Internetquelle] Verfügbar: http://www.cochrane.de/de/docs/studentenflyer.pdf (20.4.2008)

CORNWELL, J. (2003) Hitler's Scientists: Science, War and the Devil's Pact. London

DEUTSCHER HANFVERBAND (2005) Forschungsskandal bei Cannabis. [Internetquelle] Verfügbar: http://hanfverband.de/aktuell/meldung_1132929998.html (15.5.2008)

DROSDOWSKI, G. (Hg.) (1984) Duden-Fremdwörterbuch: Herkunft und Bedeutung der Fremdwörter. Mannheim/Zürich/Wien

EBDD (Hg.) (2007) Bericht 2007 des nationalen Reitox-Knotenpunktes an die EBDD – Neue Entwicklungen und Trends und Hindergundinformationen zu Schwerpunktthemen. Drogensituation 2006/2007

ENDEWITZ, U. (Hg.) (2005) Was ist Ideologie? Ökonomie bürgerlichen Denkens. Münster

EISENMEIER, S. (2003) Warum Cannabis doch gefährlich ist. In: Der Neurologe-Psychiater 6: 34-38

FEYERABEND, P. (Hg.) (1983) Wider dem Methodenzwang. Frankfurt am Main

FEYERABEND, P. (Hg.) (1979) Erkenntnis für freie Menschen. Frankfurt am Main

FISCHER, M.R. & BARTENS, W. (Hg.) (1999) Zwischen Erfahrung und Beweis. Medizinische Entscheidungen und Evidence-based Medicine. Göttingen/Toronto/Seattle

FISCHER, M.R., BARTENS, W. & DIETRICH, J.W. (1999) Die kritische Beurteilung medizinischer Veröffentlichungen. In: FISCHER, M.R. & BARTENS, W. (Hg.) Zwischen Erfahrung und Beweis. Medizinische Entscheidungen und Evidence-based Medicine. Göttingen/Toronto/ Seattle, 111-113

GAEBEL, W., KUNZ, R., MÜLLER, O.A., NEUGEBAUER, E.A.M. & STEURER, J. (Hg.) (2006) Kompendium Evidenz-basierte Medizin. Clinical Evidence Concise. Bern

GASSMANN, R. (Hg.) (2004) Cannabis – Neue Beiträge zu einer alten Diskussion. Freiburg im Breisgau

GASSMANN, R. (2005): Die Cannabis-Diskussion aus der Perspektive von Prävention und Suchthilfe. In: Suchttherapie 6: 97-101

GASSMANN, R., MANN, K. & HAVEMANN-REINECKE, U. (Hg.) (2007) Jugendliche und Suchtmittelkonsum. Trends – Grundlagen – Maßnahmen. Freiburg im Breisgau

GLASERFELD, E. (1998) (Hg.) Radikaler Konstruktivismus. Ideen, Ergebnisse, Probleme. Frankfurt am Main

GLASERFELD, E. (2003) Konstruktion der Wirklichkeit und des Begriffs der Objektivität. In: GUMIN, H. & MEIER, H. (Hg.) (2003): Einführung in den Konstruktivismus. München, 9-41

GREENHALGH, T. (Hg.) (1997) How to read a paper. The basics of evidence-based medicine. London

GREENHALGH, T. (Hg.) (2000) Evidence-based Medicine. Bern/Göttingen/Toronto/Seattle

GROTHENHERMEN, F. (2005) Was ist an den Ausführungen von Prof. Thomasius zum Thema Cannabis zu halten. [Internetquelle] Verfügbar: http://www.hanfjournal.de/hajo-website/ artikel/2005/08/s11-thomasius.php (7.5.2008)

HAMMBRECHT, M. (2003) „Schöne neue Welt" – Cannabis für alle? In: Institutsausgabe Klinik für Psychiatrie und Psychotherapie, herausgegeben vom Evang. Krankenhaus Elisabethenstift. Darmstadt, 179-181

HELOU, A. & PERLETH, M. (2002) Bewertung von Leitlinien für die klinische Praxis. In: PERLETH, M. & ANTES, G. (Hg.) Evidenzbasierte Medizin: Wissenschaft im Praxisalltag. München, 15-31

HEIMPEL, H., LÜFTNER, D. & PORZSOLT, F. (1999) Die Analyse klinischer Entscheidungen. In: FISCHER, M. R. & BARTENS, W. (Hg.) Zwischen Erfahrung und Beweis. Medizinische Entscheidungen und Evidence-based Medicine. Göttingen/Toronto/Seattle, 53-85

Heil, P.M. (2003) Konstruktion der sozialen Konstruktion – Grundlinien einer konstruktivistischen Sozialtheorie. In: GUMIN, H. & MEIER, H. (Hg.) Einführung in den Konstruktivismus. München, 109-147

HERKOMMER, S. (2005) Zur Aktualität marxistischer Ideologie-Theorie. In: KAINDEL, C. (2005) (Hg.) Kritische Wissenschaften im Neoliberalismus – Eine Einführung in Wissenschafts-Ideologie und Gesellschaftskritik. Marburg, 31-51

HEUERMANN, H. (Hg.) (2000). Wissenschaftskritik – Konzepte, Positionen, Probleme. Tübingen/Basel

HESS, H. (2007)Vorwort. In: WERSE, B. & ARCHIV DER JUGENDKULTUREN E.V. (Hg.) Cannabis in Jugendkulturen. Kulturhistorische und empirische Betrachtungen zum Symbolcharakter eines Rauschmittels. Berlin, 8-11

HOLTMANN, D. (2007) Deskriptiv- und inferenzstatistische Modelle der sozialwissenschaftlichen Analyse. Potsdam

HORKHEIMER, M. (1968) Bemerkungen über Wissenschaft und Krise. In: Kritische Theorien: Eine Dokumentation, Bd.1. Frankfurt am Main, 1-8

HORN, W.-R. (2008) Cannabis – Zahlen und Fakten zum Konsum. In: DEUTSCHE HAUPTSTELLE FÜR SUCHTFRAGEN (Hg.) Jahrbuch Sucht 2008. Geesthacht, 96-106

JAHRESBERICHT 2007 der Europäischen Beobachtungsstelle für Drogen und Drogensucht. Stand der Drogenproblematik in Europa

KANDL, D. (1975) Stages in adolescent involvement in drug use. In: Science 190:912-914

KALKE, J., RASCHKE, P., SCHÜTZE, C., OECHSLER, H. & KLOSS, M. (2006) Landesauswertung der Computergestüzten Basisdokumentation der ambulanten Suchthilfe in Hessen (COMBASS) – Spezialanalyse: Cannabis. Frankfurt

KALKE, J., STÖVER, H. & VERTHEIN, U. (2005) Seuche Cannabis? – Kritische Bemerkungen zu neueren epidemiologischen Studien. In: Suchttherapie 6:108-115

KAINDEL, C. (2005) (Hg.) Kritische Wissenschaften im Neoliberalismus – Eine Einführung in Wissenschafts-Ideologie und Gesellschaftskritik. Marburg

KEMPER, U. (2008) Der Suchtbegriff – Versuch einer Annäherung. In: DEUTSCHE HAUPTSTELLE FÜR SUCHTFRAGEN (Hg.) Jahrbuch Sucht 2008. Geesthacht, 210-227

KIRCHGEORG, M. (2009) Was ist eine Kernspintomographie. [Internetquelle] Verfügbar: http://www.netdoktor.de/Diagnostik+Behandlungen/Untersuchungen/Kernspin-Tomographie-Magnet-Res-282.html (19.1.2009)

KLEIBER, D. & KOVAR, K.-A. (Hg.) (1998) Auswirkungen des Cannabiskonsums. Eine Expertise zu pharmakologischen und psychosozialen Konsequenzen. Stuttgart

KLEIBER, D. (2005) Risiken des Cannabiskonsums. In: Fachzeitschrift der Aktion Jugendschutz (4):9-16

KNORR-CETINA, K. (Hg.) (1984) Die Fabrikation von Erkenntnis. Zur Anthropologie der Naturwissenschaften. Frankfurt am Main

KÖBERLING, J. (1999): Bessere Patientenversorgung durch Evidenzbasierte Entscheidungsfindung? In: FISCHER, M. R. & BARTENS, W. (Hg.) (1999) Zwischen Erfahrung und Beweis.

Medizinische Entscheidungen und Evidence-based Medicine. Göttingen/Toronto/Seattle, 245-263

KUPCZIK, I. (2005) Haschpillen gegen Migräne. [Internetquelle] Verfügbar: http://www.welt.de/ print-wams/article131519/Haschpillen_gegen_Migraene.html (12.5.2008)

KRAUS, L. (2004) Cannabiskonsum bei Erwachsenen – Epidemiologische Evidenz. In: DIE DROGENBEAUFTRAGTE DER BUNDESREGIERUNG (Hg.) Jugendkult Cannabis – Risiken und Hilfen. Dokumentation der Fachtagung am 29./30. November 2004 im Bundesministerium für Gesundheit und Soziale Sicherung. Berlin, 19-24

KRAUS, L., PFEIFFER-GESCHEL, T. & PABST, A. (2008) Cannabis und andere illegale Drogen: Prävalenz, Konsummuster und Trends. Ergebnisse des Epidemiologischen Suchtsurveys 2006. In: Sucht 54:16-26

KRAUS, L., TOPPICH, J. & ORTH, B. (2007) Trends des Cannabiskonsums bei Jugendlichen und jungen Erwachsenen. In: DEUTSCHE HAUPTSTELLE FÜR SUCHTFRAGEN (Hg.) Geesthacht, 129-145

KRITZ, J., SCHEUCH, E.K. & SAHNER, H. (Hg.) (1981) Methodenkritik empirischer Sozialforschung. Osnabrück

KRUMDIEK, N., SCHUMANN, K. F., BÖLLINGER, L., FEEST, J., WESSLAU, E. & HERZOG, F. (Hg.) (2006) Die nationale- und internationalrechtliche Grundlage der Cannabisprohibition in Deutschland. Eine Untersuchung unter Einbeziehung des aktuellen Forschungsstandes hinsichtlich der gesundheitlichen und sozialen Auswirkungen des Konsums von Cannabis. Berlin

LEIBNITZ INSTITUT PSYCHOLOGIE INFORMATION (2008) [Intetrnetquelle] Verfügbar: http://www. zpid.de/retrieval/login.php (16.4.2008)

LEIDEL, R. (1999) Ökonomische Effizienz in der Medizin. In: FISCHER, M. R. & BARTENS, W. (Hrsg.) Zwischen Erfahrung und Beweis. Medizinische Entscheidungen und Evidence-based. Medicine. Göttingen/Toronto/Seattle, 85-111

LEUNE, J. (2008) Versorgung abhängigkeitskranker Menschen in Deutschland. In: DEUTSCHE HAUPTSTELLE FÜR SUCHTFRAGEN (Hg.) Jahrbuch Sucht 2008. Geesthacht, 171-184

LEURS, M. et al. (2004) Ein Joint für die Pause. In: Der Spiegel vom 03.07.2004, 76-85

LEXIKON (1996) ISIS-Verlag. Chur

LINDEMEYER, J. (2007) Von Daten zu Taten? Anmerkungen zur Suchthilfestatistik 2006. In: Sucht 53:4-6

MATURANA, H.R. (1987) Biologie der Sozialität. In: SCHMIDT, S.J. (Hg.) Der Diskurs des Radikalen Konstruktivismus. Frankfurt am Main

MATURANA, H.R. (1994) (Hg.) Was ist erkennen? München/Zürich

MEDIZINISCHE LITERATURDATENBANK MEDLINE [Internetquelle] Verfügbar: http://www.medline. de/index.php?M=3 (29.4. 2008)

Meyers Lexikon Online 2.0. [Internetquelle] Verfügbar: http://lexikon.meyers.de/meyers/Evidenz (27.4 2008)

MINISTRY OF PUBLIC HEALTH BELGIUM (2002): Cannabis 2002 Report. A joint international effort at the initiative of Ministers of Public Health of Belgium, France, Germany, Netherlands, Switzerland. Ministry of Public Health. Brussels

PETERSEN, K. U. & THOMASIUS, R. (Hg.) (2007) Auswirkungen von Cannabiskonsum und -missbrauch. Lengerich

PERLETH,, M. & ANTES, G. (Hg.) (2002) Evidenzbasierte Medizin: Wissenschaft im Praxisalltag. München

PORTWICH, P. (2005) Evidence-based-Medicine. Methode, Kritik und Nutzen für eine professionalisierte Handlungspraxis in der Medizin. In: Gesundheitswesen 67:319-324

PSYNDEX PSYINFO UNI FREIBURG. [Internetquelle] Verfügbar: http://www.ub.uni-freiburg.de/ep/kurzanleitung/psych/psyndex.html

RASPE, H. & PERLETH, M. (2002): Evidenzbasierte Medizin: Möglichkeiten und Grenzen. In: PERLETH, M. & ANTES, G. (Hg.) Evidenzbasierte Medizin: Wissenschaft im Praxisalltag. München, 11-136

REUBAND, K.-H. (Hg.) (1994). Soziale Determinanten des Drogengebrauchs – Eine Sozialwissenschaftliche Analyse des Gebrauchs weicher Drogen. Darmstadt

RIEGEL, K.-G. (Hg.) (1974) Öffentliche Legitimation der Wissenschaft. Stuttgart/Berlin/ Köln/ Mainz

ROTH, G. (1997) Erkenntnis und Realität: Das reale Gehirn und seine Wirklichkeit. In: SCHMIDT, S.J. (Hg.) Der Diskurs des Radikalen Konstruktivismus. Frankfurt am Main, 229-255

SACKET, D.L. (2002):Was ist Evidenz-basierte Medizin? In: PERLETH, M. & UND ANTES, G. (Hg.) Evidenzbasierte Medizin: Wissenschaft im Praxisalltag. München

SCHÄFERS, B. (Hg.) (2001): Grundbegriffe der Soziologie. Stuttgart

SCHMIDT, L.G., GASTPAR, M., FALKAI, P. & GAEBEL, W. (Hg.) (2006) Evidenzbasierte Suchtmedizin. Behandlungsleitlinien Substanzbezogener Störungen. Köln

SCHMIDT, S.J. (Hg.) (1997) Der Diskurs des Radikalen Konstruktivismus. Frankfurt am Main

SCHMIDT, S.J. (2003) Vom Text zum Literatursystem: Skizze einer konstruktivistischen (empirischen) Literaturwissenschaft

SCHNEIDER, W. (2000) Drogenmythen – Zur sozialen Konstruktion von „Drogenbildern" in Drogenhilfe, Drogenforschung und Drogenpolitik. VWB – Verlag für Wissenschaft und Bildung. Berlin

SCHNEIDER, W. (1995) Risiko Cannabis? Bedingungen und Auswirkungen eines kontrollierten, sozial-integrierten Gebrauchs von Haschisch und Marihuana. VWB – Verlag für Wissenschaft und Bildung. Berlin

SCHNEIDER, W. (2007): Aktuelle INDRO-Stellungnahme zur Cannabisdiskussion in der Bundesrepublik Deutschland – Cannabis: Eine Gefahr für die Jugend? Eine drogenpolitische Reform ist überfällig! Münster

SCHNEIDER, H. (1996) Das Lübecker „4-Kilo-Urteil" und seine Folgen. In: NEUMEYER, J. (Hg.) Cannabis. Gersthofen

SCHLIMME, J., RADA, D. & SCHNEIDER, U. (2001) Cannabiskonsum und seine psychosoziale Wirkung im Kulturvergleich. In: Suchttherapie 69: 367-373

SETTERTOBULTE, W. & RICHTER, M. (2007) Aktuelle Entwicklungen im Substanzkonsum Jugendlicher: Ergebnisse der "Health Behaviour in School-aged Children (HBSC) Studie 2005/2006". In: MANN, K., HAVEMANN-REINECKE, U. & GASSMANN, R. (Hg.) Jugendliche und Suchtmittelkonsum. Trends – Grundlagen – Maßnahmen. Freiburg im Breisgau, 7-28

SINGER, W. (2004) Über Bewußtsein und unsere Grenzen: Ein neurobiologischer Erklärungsversuch. In: GRUNDMANN, M. & BEER, R. (Hg.) Subjekttheorien interdiziplinär – Diskussionsbeiträge aus Sozialwissenschaften, Philosophie und Neurowissenschaften. Münster, 99-121

SIMON, R. (2004) Hauptdiagnose Cannabis – Klientenzahlen, Charakteristika und Entwicklungen in Beratungsstellen. In: GASSMANN, R. (Hg.) Cannabis – Neue Beiträge zu einer alten Diskussion. Freiburg im Breisgau, 58-75

SIMON, R., SONNTAG, D. & BÜHRINGER, G. (2004) Cannbisbezogene Störungen: Umfang, Behandlungsbedarf und Behandlungsangebot in Deutschland. München

SONNTAG, D., HELLWICH, A.K. & BAUER, C. (2007) Jahresstatistik der professionellen Suchkrankenhilfe. In: DEUTSCHE HAUPTSTELLE FÜR SUCHTFRAGEN (Hg.) Jahrbuch Sucht 2007. Geesthacht, 160-179

SONNTAG, D., BAUER, C. & HELLWICH, A.K. (2007) Deutsche Suchthilfestatistik 2006 für ambulante Einrichtungen. In: Sucht 53: 7-40

STÖVER, H., KOLTE, B. & SCHMIDT-SEMISCH, H. (Hg.) (2006) Was tun, wenn Cannabis zum Problem wird? Leitfaden für KonsumentInnen, Eltern, LehrerInnen und BeraterInnen in der Drogenhilfe. Frankfurt am Main

TANGHE, P. (Hg.) (1987) Wissenschaft als Resultat der unsichtbaren Hand. Eine Antwort auf die Herausforderung der Wissenschaftskritik an die freiheitliche Bestimmung. Berlin

TÄSCHNER, K.-L. (Hg.) (2005) Cannabis. Biologie, Konsum und Wirkung. Köln

TOMASCHEK, N. (Hg.) (2003) Der Konstruktivismus. Versuch einer Darstellung der konstruktiv(istisch)en Philosophie. Regensburg

TOSSMANN, P. (2006) Der Konsum von Cannabis in der Bundesrepublik Deutschland. In: Prax. Kinderpsychologie und Kinderpsychiatrie 55: 509-519

UNIVERSITÄT WITTEN/HERDECKE (Hg.) (2007) EBM. Theorie und Handwerkszeug. [Internetquelle] Verfügbar: http://www.medizinalrat.de/Eb_Medicine/EbM_-_Theorie_und_Hand werkszeu/ebm_-_theorie_und_handwerkszeu.html (2.3.2008)

UNITED NATIONS OFFICE ON DRUGS AND CRIME. 2007 World Drug Report. [Internetquelle]. Verfügbar: http://www.unodc.org/pdf/research/wdr07/WDR_2007.pdf (30.2.2008)

WEISCHER, C. (Hg.) (2002) Empirische Sozialforschung in einer Welt der Geschichten. Bochum

WINK, K. (Hg.) (2006) Wie liest und bewertet man eine klinische Studie? Stuttgart

WÜRTH, G. (2005) Pressemitteilung des DHV. [Internetquelle]. Verfügbar: http://hanfverband. de/aktuell/meldung_1132929998.html